无障碍家居生活和康复活动设计
实用指南

陈凯家　著

北京工业大学出版社

图书在版编目（CIP）数据

无障碍家居生活和康复活动设计实用指南 / 陈凯家
著 . — 北京 ： 北京工业大学出版社， 2020.6（2021.5 重印）
ISBN 978-7-5639-7523-5

Ⅰ . ①无… Ⅱ . ①陈… Ⅲ . ①残疾人－家庭生活－指
南②残疾人－康复训练－指南 Ⅳ . ① C913.69-62
② R49-62

中国版本图书馆 CIP 数据核字（2020）第 122624 号

无障碍家居生活和康复活动设计实用指南
WUZHANGAI JIAJU SHENGHUO HE KANGFU HUODONG SHEJI SHIYONG ZHINAN

著　　者：陈凯家
责任编辑：张　娇
封面设计：点墨轩阁
出版发行：北京工业大学出版社
　　　　　（北京市朝阳区平乐园 100 号　邮编：100124）
　　　　　010-67391722（传真）　bgdcbs@sina.com
经销单位：全国各地新华书店
承印单位：三河市明华印务有限公司
开　　本：710 毫米 ×1000 毫米　1/16
印　　张：9.5
字　　数：190 千字
版　　次：2020 年 6 月第 1 版
印　　次：2021 年 5 月第 2 次印刷
标准书号：ISBN 978-7-5639-7523-5
定　　价：58.00 元

序

　　童年，是孕育梦想的美好的阶段。但是，也有一些人，他们看不到绚丽的景色，听不到美妙的声音，甚至无法感知父母的爱。残障，就像一扇紧闭的大门，把他们与这个多彩的世界隔离开来，使他们在人生之初就感受到孤独、无助，品尝到艰辛、痛苦。

　　我的哥哥就是这些人里的一个。20世纪末，我的哥哥降生在这个世界上，像所有初生儿一样，啼哭声响彻整个产房，这响亮的声音，是新生命对世界无比期待的呼唤。但哥哥是早产儿，因出生时缺氧患了脑瘫。每个孩子都是降落在人间的天使，即便他折了翅膀，哥哥也是上帝派下来的特殊的天使。

　　我比哥哥小7岁，小时候并没有感觉他和别人有什么不同。当我看到别的孩子在外面玩儿的时候，也希望坐在轮椅上的哥哥能带我出去玩儿，带我去吃好吃的。那时候的我不懂事，以为这一切都只是时间的问题。于是，我一直在等，等到槐树叶变黄、翻飞在风中，等到片片落叶堆积在他的轮椅前，最终他还是没有站起来。我似乎明白了，我的哥哥和别人不一样。

　　我进入幼儿园后，哥哥却进入了一所特殊学校——深圳元平特殊教育学校。我以为哥哥的学校和我们幼儿园一样，可以无忧无虑地嬉戏，可以肆意地奔跑。可当父母第一次带我去那里时，我完全惊呆了，这儿和我想象的完全不一样。我看到了很多像哥哥一样的孩子，有些不能走路、不能说话，有些歪着脑袋呆呆地凝望着这个世界。一瞬间，我真正地感受到，我的哥哥和别人真的不一样。

　　后来，我上了小学，哥哥在家里进行康复训练。庆幸的是，哥哥从未因为自己与他人不同而感到自卑，他尽自己最大的努力成为一个合格的哥哥。他有时出现在学校门口，按时接我回家；有时在我上体育课时坐着轮椅，隔着学校的铁栅栏呼唤我的名字；有时在护工的陪护下，去面包坊买我最爱吃的面包。他是如此乐观、自信，用力地爱这个世界，即使世界以痛吻他，但他仍报之以歌。他对待生活就像诗人顾城所说："黑夜给了我一双黑色的眼睛，我却用它来寻找光明。"哥哥不断在感染着我，让我慢慢打开了心扉。我不再害怕和同学们讨论自己的家庭，不再害怕在其他孩子面前提起哥哥，因为自信、从容、乐观这些美好的品质，在他的身上闪闪发光。

记忆中的那一晚，至今让我难忘。那时我在读小学，晚饭后，一家人聚在电视前观看新闻，我沉浸在《马丁·路德·金自传》中久久不能自拔。这时意外突然发生了，哥哥突然在轮椅上抽搐，脚往前一蹬便失去了意识，从轮椅上翻落在地上，不停地抽搐。父亲赶忙用手扶住他的头，顺手将沙发上的枕头塞在他头下防止他受伤。母亲则冲进屋内，拿出了急救用的药，并拨打了急救电话。前一秒还沉浸在书籍中的我被吓坏了，因一时恐惧克制住了眼泪，我目瞪口呆地望着眼前的场景。救护车呼啸而来，医护人员抬走了哥哥。据母亲说，父亲在医院陪护哥哥直到深夜，当晚他的病又发作了，抽搐了很久，差点儿失去了性命。后来我才知道，这是癫痫发作。这件事儿让我更明白生命是如此脆弱，看似顽强，但有可能在一瞬间就逝去。

之后，我们一家人都重新审视了家里的安全情况，真正意识到残障人士的家庭康复做得如何，直接关系到他们的生活质量乃至生命安全。

父亲在家中常备急救药品，并且重新规划了哥哥每日的饮食、活动、药物摄入量等；母亲利用物理专业的学识，设计了非常多的便利设施，与父亲一起将房子改造成了无障碍房，最大限度地减少不安全情况的出现；我会花更多的时间陪伴哥哥，平时与父母一起用辅助行走架协助哥哥进行康复训练，有时也会成为母亲设计的新设施的首个体验者，放假的时候在父母的指导下开着改造的电动轮椅带哥哥出行。在这一点一滴的日常生活中，我体会到了很多残障人士在生活中的不便和困难，积累了协助他们康复的经验。

我之所以选择出国读高中，是因为希望自己可以全面发展，在拓宽视野的同时，能够学习国外一些先进的无障碍理念、措施，能更好地帮助哥哥和那些跟他一样的人们。

高中的学习比初中更丰富，涉及的知识面也变广了。我们IB课程体系提倡自主学习，不断探索的理念让我不仅学会了如何运用国内的资源，如知网、万方等，还让我学会了如何运用国外的网络资源、专业的数据库等，这些经历丰富完善了我的知识体系。在课余时间，我会通过互联网搜集大量残障人士的康复资讯，包括一些权威机构的数据，并将这些信息分享给家人，然后整理、归纳，对其进行分类。

据统计，中国的残障人士总计已达8500万人，占人口总数的6.34%，也就是说每100个人中就有6个有不同程度的残障患者。但是，并不是所有残障人士都能像哥哥一样得到较为完善的照顾。本书主要以帮助残障人士实现无障碍生活为目标，内容涵盖无障碍设计相关规范标准、无障碍家居设计、智能化家居设计、仿人机器人在残障人士生活中的应用、残障人士常用辅助器具、居家康复的优势及其训练方法、残障人士心理康复、居家护理方案等，希望能对相关残障人士的家居康复生活提供一些帮助。

陈凯家
2020 年 3 月于深圳

目　　录

第一章　无障碍设计相关规范标准 ················· 1

第二章　无障碍家居设计 ····················· 19

　第一节　无障碍家居设计的内涵 ············· 19

　第二节　无障碍家居设计的现状及其设计原则 ······· 21

　第三节　无障碍家居装修 ················ 24

第三章　智能化家居设计 ····················· 31

　第一节　马斯洛需求层次理论及弱势群体对智能化家居的要求 ··· 31

　第二节　智能化家居的设计原则 ············· 35

　第三节　智能化家居系统产品简介 ··········· 35

　第四节　如何选购智能化家居产品 ··········· 42

第四章　仿人机器人在残障人士生活中的应用 ······· 45

　第一节　机器人的发展历程和仿人机器人的特点 ····· 45

　第二节　仿人机器人在残障人士生活中的应用分析 ···· 47

第五章　残障人士常用辅助器具 ·············· 51

　第一节　辅助器具的分类 ················ 51

　第二节　残障人士辅助器具基本配置目录 ········ 52

　第三节　特色辅助器具介绍 ··············· 58

第六章　居家康复的优势及其训练方法 ·········· 65

　第一节　居家康复的优势分析 ·············· 65

　第二节　居家康复训练方法 ·············· 66

第七章　残障人士心理康复 ················· 71

　第一节　正确对待残障人士 ·············· 71

　第二节　视力残障对个体的影响 ············· 72

　　第三节　残障人士的个性特征 ……………………………………… 74

　　第四节　残障人士的共同心理及其心理调节 ……………………… 76

第八章　居家护理方案 ……………………………………………………… 81

　　第一节　重度残障人士护理方法 ………………………………… 82

　　第二节　老年人护理 ……………………………………………… 83

参考文献 …………………………………………………………………… 93

附　　录 …………………………………………………………………… 95

　　附录一：《平等、参与、共享：新中国残障人权益保障70年》白皮书 … 95

　　附录二：北京市实施《中华人民共和国残疾人保障法》办法 ………… 114

　　附录三：关于贯彻落实《北京市市民居家养老（助残）服务（"九养"）

　　　　　　办法》的意见 …………………………………………… 125

　　附录四：关于推进养老服务发展的意见 ……………………………131

第一章 无障碍设计相关规范标准

一、《无障碍设计规范》的制定

随着社会的发展、人类自我意识的觉醒，无障碍生活环境的建设已逐渐成为全人类的共同需求。为更为普及无障碍设施建设，使之范围更为扩大化，使残障人士的生活质量进一步提升，2012 年，中华人民共和国住房和城乡建设部发布第 1354 号公告，制定国家标准《无障碍设计规范》，编号为 GB 50763—2012，自 2012 年 9 月 1 日起实施。其中，第 3.7.3（3、5）、4.4.5、6.2.4（5）、6.2.7（4）、8.1.4 条（款）为强制性条文，必须严格执行。与之相关的图书《无障碍设计规范》，一并于 2012 年 7 月由中国建筑工业出版社出版发行。

二、《城市道路和建筑物无障碍设计规范》的制定

《中华人民共和国宪法》《中华人民共和国残障人士保障法》均指出中华人民共和国公民在年老、患病或者丧失劳动能力的情况下，有从国家和社会获得物质帮助的权利。这些成为中国政府相关部门制定无障碍设施设计标准和建设无障碍设施的基本依据，为残障人士、行动不便的老年人及其他弱势群体提供最为完善的服务，既是无障碍设施设计标准制定的指导思想，又是建设无障碍设施的指导思想。无障碍设施设计标准的制定，给丧失行走能力者、行走能力低弱者、视力听力残障或低弱者以保障，使他们无须他人帮助，依靠自身力量进入活动场所。无障碍设施的建设，要求城市管理者及设计者站在使用者的角度看问题，秉承"以人为本"的理念，在建设工程中、在产品设计上有所创新和突破，打造安全、适用、经济和美观的无障碍环境。

城市道路和建筑物的无障碍设计是指对城市道路、公共建筑和居住建筑的相关部位进行系统设计，以便于残障人士、行动不便的老年人及其他弱势群体

行动和使用。残障人士的康复事业的发展变化与社会文明的发展程度息息相关，社会在进步，残障人士的康复事业也在不断发展。正因为这一事业始终在前进中，随着时间的推移，传统的认知观念才得以纠正。而城市道路、建筑物的无障碍设计的种种变化，逐步使残障人士重拾自信，慢慢融入正常生活，积极参与社会活动。

随着社会的发展和进步，城市道路和建筑物的无障碍设计已经被纳入城市建设总体规划，同时也要满足城市建设规划的要求，考虑城市的整体形象，并与周边环境相协调。那些弱势群体希望和正常人一样，通过无障碍设施能到达自己想要去的地方，这对道路、天桥、入口、台阶、坡道、平台、门、楼梯、卫生间、浴室、房屋、客房、服务台、饮水机、座椅、停车位等提出了很高的要求，应在形式、尺度、功能上转变设计理念，并根据弱势群体的意识进行设计。

无障碍设施可促进城市文明的发展，同时它还是衡量城市文明的一把重要的标尺，细节彰显城市温度。无障碍设施是保障弱势群体权益、体现社会公平正义的特殊产品。近年来，中国的无障碍设施建设逐步得到完善，基本设施建设取得明显进展。近年来，随着我国无障碍环境建设法规、标准等进一步完善，无障碍环境建设取得明显进展。据《2018年残疾人事业发展统计公报》所示，中国共出台了475个省、地市、县级无障碍环境建设与管理法规、政府令和规范性文件，1702个地市、县系统开展了无障碍环境建设。同时也看到，依然存在一些不太适合弱势群体使用的无障碍设施，这样的设施不仅没有给残障人士提供方便，反而给残障人士设了卡、添了堵，"障碍"重重。基于此，要注重提高无障碍设施建设的技术含量，在人文关怀的前提下，融入新技术、新工艺、新材料，设计出新产品，使弱势群体能真正地回归社会，而不是只做样子工程。

（一）城市道路、城市广场和城市公共绿地

1.城市道路

无障碍设计的城市道路要发挥其应有的作用，要考虑方便残障人士、老年人和行动不便者的出行、办事、旅游等。不能出现断头路、Z形路、迷宫路、陷阱路，更不能被车辆或摊贩占用。

人行道作为城市道路最为重要的组成部分，在对其进行无障碍设计时，特别要注意人行道与车行道的高度差别，因为如果相差太大会给轮椅使用者的通行带来不便。因此，应在人行道路缘石部位设置轮椅坡道。

那么，盲道又是人行道的重要组成部分，可以说不可或缺。盲道是针对视觉残障人士设计的，这类人群只能依靠触觉和听觉进行活动，为了使他们如正常人一样在城市行走，建议在商业街、步行街以及主要公共建筑周边道路的人行道上设置盲道。同时，在市区主次干路主要路口，市区商业街、步行街的人行横道处，盲人学校周围道路的人行横道处以及视觉残障人士居住较集中的区域的道路路口配备音响装置，通过声音起到辅助提醒作用，帮助视觉残障人士顺利、安全地通过人行横道。

另外，道路在设计建造时，要将安全岛与人行横道对应处设计成坡道，并与缘石坡道相互对正，这是为了使轮椅使用者安全地通过人行横道中间的安全岛；在城市旅游景点道路、主要商业区的道路和商业街、步行街设置盲文地图，以便于视觉残障人士旅游和购物；为使符合无障碍设施设计标准的城市道路更好地服务于弱势群体，便于弱势群体识别，应在显著位置设置无障碍标志。

2. 城市广场

社会在进步，时代在发展，城市广场已经渗透到我们生活环境中的每一个角落，成为生活中不可或缺的休闲、活动空间。为了使弱势群体能平等参与社会活动，能平等享有出行和休闲的权利，城市广场的无障碍设计越来越受到人们的重视。

所以，城市广场的无障碍设计要考虑多方面因素，设计既要有方便轮椅使用者通行的缘石坡道，又要有方便视觉残障人士行走的盲道和盲文地图，同时在相关区域还要配备无障碍停车位，并设立无障碍标志牌等。

3. 城市公共绿地

城市公共绿地指适用于娱乐活动，且对居民开放的绿地，包括居住区公园、小花园等。近年来，无障碍设计的基本理念已经深入人心，在公共绿地随处可见各种无障碍设计，如为便于残障人士、老年人和孩子通行、游憩，在城市公共绿地入口、绿地内主要通路，均设置方便轮椅通行的坡道。基本上是本着"以人为本"的宗旨，注重社会弱势群体的需求点，并不断加快城市公共环境无障碍设施的建造速度，以真正系统地实现无障碍设计。但不可否认的是，这其中也存在不足之处。

公厕建设时常被人忽视，是城市公共服务的薄弱环节。2016年，沈阳、重庆、青岛、北京、上海等均修建了无性别公厕，尽量减少女性排队如厕的情况发生。如上海浦东南路公共绿地内的无性别公厕，增加了针对残障人士及老年人的设施，如设置坐式便器专用厕位等，既解决了男女如厕的均衡问题，又能为跨性别人士提供方便，同时还极大地帮助了残障人士。

另外，在公共绿地应辟出专门的休息区域，配备休息座椅，座椅旁的空地要确保轮椅可停留，避免轮椅停在绿地的通道上，影响他人正常行走。

供残障人士使用的停车位的设置也很重要，作为公共空间，要确保有一定数量的残障人士停车位。数量的多少要根据停车场地的大小而定，如场地有限，至少保证有 1 个可供残障人士使用的停车位。

同时，在公共绿地周围的人行道上要设置盲道，并在公共绿地的入口处，设置盲文导游图或触摸式发声导游图，同时，在常规导游图的内容中，应包括无障碍设施的所在位置，以便于视觉残障人士在前往公共绿地时可以更好地掌握绿地的方位、入口、各种设施的大体位置，以及了解绿地的总体情况。

（二）城市桥隧

1. 过街天桥、地下通道

在人流密集地区、商业繁华地段修建过街天桥或地下通道，可以有效地疏导交通，避免人车混行给行人造成伤害。同时，在过街天桥或地下通道配备无障碍设施，旨在方便残障人士和老年人安全通行。

为了使轮椅使用者可以顺利通过，在过街天桥和地下通道应设置轮椅坡道，如无法满足设置坡道的要求，应安装无障碍电梯或升降平台。

过街天桥多数为"口"字形，虽设置了不少电梯，但使用率并不高，以致出现支出大量不必要的资金的情况，造成了浪费。在设计时，建议结合公共建筑的建设特点设置无障碍电梯。因为，无论设置坡道还是设置电梯，都要占用大量的土地面积，所以，土地资源匮乏的城市可在路口设置信号灯，以解决这一民生问题。

过街天桥、地下通道的轮椅坡道的坡度在设计时要特别注意，不应大于 1 ： 12，坡面不能坑坑洼洼，要平整且防滑，两侧均要安装扶手，保证扶手栏杆下端的安全挡台的高度不小于 10 厘米。

过街天桥、地下通道的梯道设置的服务对象是挂拐杖者，由于挂拐杖者行走不便，因此梯道的设计，要做到踏步面宽、踏步高度低，方便他们控制重心。梯道应设置上下两层扶手，严格把控扶手高度，即上层扶手高度为 90 厘米、下层扶手高度为 65 厘米。另外，过街天桥设顶棚，主要是方便行人能在雨雪天使用。

另外，为了方便视觉残障人士能够安全地通过过街天桥和地下通道，设置盲道是必不可少的。盲道主要设置在过街天桥和地下通道的台阶坡道的起点和终点，这些被称为提示盲道，应与人行道中的行进盲道相连接。

过街天桥和地下通道通常设有扶手。坡道和楼梯上设有两层扶手。上层主要针对身体健康，但听力有障碍的人；下层主要针对拄拐杖者。扶手应坚固耐用，易于抓握且不伤手。扶手起点的水平部分应设有盲文铭牌，以方便视觉残障人士辨认。在行人隧道入口的两侧均应采取保护措施，以确保残障人士和老年人可以安全通过。

为了使轮椅使用者进出人行道更为安全，在设计时，应做到：当行人地下通道坡道的入口平台与人行道地面之间存在高度差时，应连接坡道。

为了防止残障人士和老年人进入过街天桥下方的三角形空间区域，应在该区域内采取保护措施，并设置提示盲道。

为方便残障人士及老年人安全通过过街天桥和地下通道，在过街天桥和地下通道应设有无障碍标识牌。

2. 跨河桥梁、隧道、立体交叉

为了方便残障人士通过跨河桥梁和隧道，应在桥梁和隧道与道路连接的人行道设置坡道，处理好与道路的高度差。另外，因有些大型立交桥下面的道路比较复杂，为了便于残障人士安全通行，立交桥下的人行道应设有路边坡道和盲道。

（三）城市交通站

1. 公交车站

城市无障碍建设中最重要的一个环节是交通无障碍。为了满足残障人士的出行要求，应在公交车上加装残障人士设施，做到让他们"上得来""下得去"。

为了方便视觉残障人士换乘公交车辆，使视觉残障人士能比较容易地发现车站的准确位置，便于其到达候车位置，应在公交车站设置提示盲道和盲文站牌，其位置、高度、颜色等应当方便视觉残障人士使用。另外，设在车道之间分隔带中的公交车站，为了便于告知视觉残障人士公交车站的位置，应设置提示盲道。

关于公交车站盲文站牌的设置，一是要便于视觉残障人士使用，二是要保证他们的安全，防止站牌倒塌，三是要不易被人破坏。

2. 轨道交通车站

中国社会人口老龄化的加速及弱势群体的出行的增加，使轨道交通的无障碍设施布局显得尤为重要。就目前而言，轨道运输是最现代的交通方式之一，也是城市文明的重要窗口。所以，轨道交通应在关注残疾人方面发挥示范作用。轨道交通越来越被弱势群体青睐，现已成为他们出行选择最多的出行方式，为了尽可能保障他们的安全、满足他们的出行需求，所有车站都应进行特别的设计。

地铁和轻轨的车站入口处，常会设置无障碍通道，这是残障人士通行时最为便捷和安全的入口之一。但为避免下雨时雨水进入室内，在设计上往往会造成室内外高度存有一定的落差，因为有台阶，给残障人士和老年人带来了一些不便。为解决这一问题，应建有便于残障人士的轮椅通过的坡道。

电梯是最常用且理想的垂直运输设施，应做到候梯厅深度不小于 1.5 米；按钮高度为 0.90～1.10 米；电梯门洞净宽度不小于 0.90 米；电梯出入口处宜设置盲道；侯梯厅应设电梯运行显示装置和抵达音响。当然，如果现场面积小而无法设置电梯或坡道时，可采用占地面积小的升降平台。

在检票口设置无障碍通道，为轮椅使用者和携带行李者提供方便。同时，在车站内设置无障碍厕位或独立的无障碍卫生间，方便残障人士和老年人使用。

为方便视觉残障人士准确到达站台，在相应的旅客步行范围内设置提示盲道和行进盲道，并在车站旁设置适当高度的公用电话和盲人铭牌。

3. 港口、铁路客运站

旅客主入口建议采用无障碍入口，室外地面坡度不大于 1 ：50。建筑物入口处安装楼梯时，应设置轮椅坡道和扶手，并满足入口处无障碍设计要求。

港口和铁路客运站应合理疏导客流。在运输路线上，应考虑轮椅使用者的需要，以便他们能够方便、安全地到达相关区域。由于客运站内部空间广阔，部门多，且流线复杂，应根据工程的具体情况和客运站的服务措施设置盲道。大规模的盲道并不能保证视障人士的行走方便和安全。相反，可能会对其他旅客的通行产生一定影响。在平台边缘设置盲道，告知视障人士前方将有高差和危险区域，以确保他们的安全。例如，香港九广铁路站台的边缘，设有具有引导警示作用的黄线，警示乘客不要翻越。

规模较大的客运站客流较大，一些无障碍设施的使用率较高。作为最为基础的售票窗口，要配备完善的无障碍设施，要充分考虑轮椅使用者的需求，在设置无障碍售票窗口的同时，还可以在普通售票窗口安装音频提示设备。

港口客运站轮渡码头应考虑旅客使用轮椅的情况，人均使用面积不应低于1.5 平方米，稍大于港口客运站候车室人均使用面积不低于 1.1 平方米的标准。

针对大型和特大型客运站，会出现残障旅客对无障碍设施使用概率较高的情况，在设置公用电话时，首先要考虑这一群体的需求。

4. 空港航站楼

根据旅客吞吐量的大小，航站楼分为特大型、大型、中型、小型几种。根据《民用机场旅客航站区无障碍设施设备配置标准》，机场航站楼应根据机场的实际情况尽量保证残障人士可以无障碍通行。当遇有大型国际残障人士集会或体育赛事时，普通旅客停车位可临时改为残疾人停车位。如果航站楼有两条车道，残障人士停车位应设置在靠近入口的方便位置。

从市区可乘出租车、私家车、旅游巴士、轻轨、巴士等到达机场，因公交车站距离机场还有一定距离，因此，应在车站的明显位置设置残障人士专用电话，准确标出航站楼的发车信息和服务台的电话号码，以供残障人士咨询使用。

采用平行开启的自动感应门主要是为了方便残疾人出入。由于航站楼功能复杂，残障人士很难自主完成从办理登机手续到登机的全过程，因此，他们需要航空公司人员的协助，建议在航站楼内设置电话以方便残障人士使用。

另外，为使残障人士如厕更方便，应在无障碍卫生间设置红色按钮，高度控制在 40～50 厘米。下面张贴 1 个指示紧急呼叫按钮的标志，并在卫生间门外设置红色警告灯。当内部按钮按下时，警告灯闪烁，提醒工作人员给予帮助。

5. 省际长途汽车站

省际长途汽车站站前广场为旅客重要的活动场所之一，应在站前广场内及站前广场的主要入口处设置轮椅坡道。

一般来说，长途汽车客运站地面一层站厅内已包含售票厅、候车室、到达区、卫生间等功能区域，因此，客运站内可不设无障碍电梯或升降平台。但是，如果乘客必须在地面二层及以上候车或检票，则需在各层之间设 1 台无障碍电梯或升降平台。

（四）城市公共卫生间

公共活动场所和公共建筑对外开放的卫生间的无障碍设计，首先应注重坡道的设置。另外，为了方便残障人士使用，应增加无障碍卫生间、无障碍厕位及低位小便器的数量，最好选用坐式便器。目前，城市公共卫生间内尚有蹲式便器、槽式便器，无障碍厕位一经设置，即应改用单独式坐便器。

城市公共卫生间也有设计为两层的，但无障碍厕位应设在底层，以便于残障人士使用。

无障碍厕位及低位小便器应设在距入口最近处，但有时难免需要经过走道，所以对走道的最小宽度进行了规定，以方便轮椅使用者通行。当无障碍厕位为150厘米×200厘米时，轮椅进入后，可以调整角度和回转；而当无障碍厕位为100厘米×180厘米时，轮椅虽可以进入，但不能回转，使用后只能倒行退出。

（五）办公建筑

1.政府、司法机关办公建筑

政府和司法机关办公建筑代表国家形象，是公众办实事的窗口，对全社会起着示范作用。建议在入口平台及入口处进行无障碍设计。如果条件允许，可以提供更多符合无障碍要求的入口。另外，从人行道到建筑物入口需要设置一定的安全空间，在设计盲道时要注意连续性。

在向公众开放的公共区域，应考虑提供无障碍卫生间，以便行动不便的人可以在家人的照料下使用。应在每个公共楼层为轮椅使用者提供无障碍卫生间。如果在该楼层有无障碍厕位，则无须提供无障碍卫生间。

建议政府和司法机关办公建筑安装无障碍电梯。楼梯的设计既要考虑到健康人的需要，又要考虑到残疾人、老年人的需要，使各种人都能方便地上下走动。如果楼内配备无障碍电梯，对楼梯的要求可以放宽。

同时，在离入口最近的停车场设置专用停车位，尽量缩短残障人士的步行路线。走廊的净宽、踢脚板、地面材料、建筑的高差、建筑的颜色等都应给残障人士和老年人带来方便。这是实现残障人士平等参与社会生活的重要组成部分。

2.商务办公建筑

商业办公建筑种类繁多，自上而下标准各异，对无障碍设施提出了不同的要求。

商业写字楼需提供无障碍卫生间；在离大楼入口最近的停车场设置残障人士停车位，以缩短他们的步行距离。

3. 企事业办公建筑

企事业单位的办公建筑，包括各类科研建筑、工业园区的办公建筑等，通常分为两类，即为公众服务的办公建筑和企事业单位内部的办公建筑。这两类建筑在无障碍设施设计上存在较大区别。

（六）商业、服务建筑

1. 商业建筑

随着人们购物消费观念的转变，越来越多的餐饮娱乐内容出现在商业建筑中。全楼层餐厅和多功能厅影院的布局相当普遍，这些设施在无障碍设计要求上存在其特殊性，应满足餐饮娱乐部分的无障碍设计要求。

百货商场一般分为大、小商场两类，商场面积约 5000 平方米，自助超市又分为大型仓储超市、超市、小型超市和便利店。近年来，超市发展迅速，超市在引入餐饮、娱乐内容方面也相当普遍，这些设施应按照相关无障碍设计要求设置，使配套更加完善。

餐厅分为一级餐厅和二级餐厅。一级餐厅是提供宴会和小吃的高级餐厅，餐厅座位宽敞，环境舒适，设施齐全；二级餐厅是提供宴会和零售的中级餐厅，餐厅的座位安排比较舒适，设施、设备比较齐全。一般餐厅为二级餐厅。目前，餐厅和小吃店的座位比较固定，便于管理。但是，为了方便残疾人的通行和使用，应当提供一些活动座椅。

2. 服务建筑

银行、证券交易所、保险公司、邮局是为公众提供服务的，也是人们经常光顾的地方。市、区、支行，市、区邮政大楼应当设置无障碍设施。但银行网点多，社区邮局面积小，难以进行无障碍设计。因此，在条件允许的情况下，可在服务大楼内安装无障碍设施。由于银行的特殊性，服务楼营业厅的服务台按照自身的系统要求和标准进行设计。酒店、餐厅和其他带客房的建筑，是接待包括残障人士在内的公众的场所。当残障人士出差或旅游时，通常会居住于此。因此，应根据实际情况，设置不同数量的无障碍房间。

无障碍性考虑了建筑从入口到室内楼层的连续性和完整性，每个活动空间的性质根据室内设计的特点而有所不同。为确保残疾人无障碍进入，活动空间入口应无障碍。公共浴室的入口、通道和设施应以方便轮椅使用者使用为基础，残疾人和老年人的浴室应满足无障碍洗澡的要求。另外，考虑到一些轮椅使用者身体较虚弱，在淋浴时需要帮助，因此，浴室内应有轮椅停车位和护理位。

此外，随着人们殡葬观念的更新和生活水平的提高，人们对殡葬服务条件也提出了更高的要求。在更宽松的空间环境中举行葬礼，哀悼者很容易从心理上得到解脱。殡仪馆总体布局以园林为主，内部功能区可分为商业区、殡葬区、骨灰存放区、行政办公区、停车场等。在这些功能区，经营区的营业厅、殡仪馆的纪念馆、骨灰存放区都是面向公众的区域。因此，出入口、内部通道、附属设施和外部卫生间应满足无障碍设计要求。室外卫生间独立设置时，其入口应满足无障碍设计要求。在殡葬活动中，人们往往分散在商业区、殡葬区、骨灰存放区，这些场所应符合相应的无障碍设计要求。

（七）文化、纪念建筑

文化、纪念建筑通常呈现的是文化古迹的宣传展示，相关建筑成为公众学习、交流的场所，其中一些已经成为城市的标志性建筑。因此，建筑的内外环境和空间构成应适应不同阶层人群的需要，包括残障人士，允许他们像健全人一样自由地参与有限的运动。

文化、纪念建筑的室内外空间相对开放，用恰当的层次技术来衬托整个环境和建筑主体是一种常见的设计方法。由于文化、纪念建筑的大小和内容不同，无障碍设计的配置也将适用于不同类型的人群。例如，上海市图书馆在东门、知识广场和西门安装了轮椅坡道和扶手，在智慧广场安装了台阶和平台。入口大厅设有残疾人视觉无障碍电梯。其中，最受关注的是这座建筑中设置有无障碍卫生间。

此外，休息室和公用电话也要考虑到残障人士的无障碍需求。图书馆分为公共图书馆、科研系统图书馆、大学图书馆和中小学图书馆，它提供信息服务的目的是为社会上所有人，包括残障人士、老年人和儿童提供平等获取和使用信息的机会。图书馆信息服务的无障碍设计，不仅减少了残疾人与社会的隔离，还为残疾人创造了更多的教育、社会参与和就业机会。

（八）观演建筑

1. 剧场

在有剧场的综合建筑中，除特殊要求的无障碍设计外，其他无障碍设施可合理安装，如安装无障碍电梯、走廊、卫生间等。

剧院的座位数通常是 400 的倍数，在 800～1600。如果按 400 个座位设置

1 个轮椅座位，那么可以安排 2 ～ 4 个。不到 800 个座位的小剧场，最多可容纳 2 个轮椅座位。

轮椅座椅宽度约为 80 厘米的 1.5 倍，即 2 个轮椅座椅平均占用 3 个普通座椅宽度。单扇疏散门把手采用下推式插销，以方便轮椅使用者单独使用。

2. 电影院

电影院是最基础的社区经济消费场所，为了让残障人士安全、舒心地欣赏电影，应做好无障碍设计，配备轮椅坡道和无障碍卫生间。除硬件设施之外，播放"无障碍电影"也是为残障人士提供方便的一种方式。例如，上海国泰电影院为上海市第一家无障碍电影院。无障碍电影以"只闻其声"为特色，受到上海越来越多听障人士的欢迎，开创了残障人士文化权益保护的创新之路。

（九）体育建筑

1. 体育场

体育场有特大型、大型、中型之分，大多数向社会开放的体育场都在 20000 座以上，由于体育场的卫生间均集中使用，因此，中型以上（包括中型）体育场应设无障碍卫生间。

此外，根据坐乘轮椅的观众的数量统计停车位，有助于准确确定无障碍停车位的数量，更合理地满足他们的需求。

2. 游泳馆及其他体育建筑

无论是游泳馆，还是其他体育建筑，都不能只针对健全人，而应面向大众。为了使听障、视障等残障人士能和健全人一样在游泳馆畅游，游泳馆首先应设置专门的入口，另外，还应设置无障碍通道、无障碍电梯等设施，以方便残障人士直达馆内。

其他体育建筑同样要顾及残障人士的感受，要考虑周全，尽可能配备完善的无障碍设施。

（十）医疗建筑

1. 一般规定

患者往往因身体虚弱不适，而行动迟缓，特别是手术患者或老年患者，他们需要轮椅或得到家人的帮助。在医院室内外设置适当高度的扶手，不仅可以帮助残障人士，还可以帮助其他患者在医院开展活动。

同时，医院还应设置专门的无障碍卫生间，以满足患者的需求。

2. 各功能区域设计要求

①门诊部。二级综合医院的床位为一般 100～499 张，日门诊量为 300～1500 人次。日门诊人次达 1000 人的医院，其内部布局往往较为复杂，宜设专用预诊空间，以辅助残障病人进行各类医疗活动。

挂号、收费、取药等处的窗台设置要特别注意，应顾及残障病人及其他病人的特殊需求，需要至少设置 1 个低位窗台。

②医技部。在各种检查中，特别是医技检查项目中，往往需要病人进行更衣检查，医院宜设置满足轮椅回转的空间，并在合适的位置设置衣柜及扶手。

③住院部。要特别关注护士台高度的设计，除应满足护士日常护理工作的要求外，还应考虑残障病人的使用要求，可以采取护士台局部降低等方法处理。

住院部中科室类别不一，病人病情程度不同，因此对护理及辅助设施的要求也各不相同，其标准可由各医疗建筑根据具体情况确定，但至少应有 1 套病房设置完善的无障碍设施，以方便残障病人的使用。

具有热、电、磁等功能的器械或设施，应设有保障残障病人等安全的防护措施。在设计和安装上述器械或设施时，应考虑避免发生残障病人跌倒、烫伤、触电等事故，这是设计和安全的前提。

（十一）学校建筑

1. 高等院校建筑

高校应设置人行道、坡道、盲道及室内走道等。

楼梯是垂直空间通行的重要设施。楼梯的设置不仅要考虑健全人的需要，还要考虑残障人士的需要。教学楼是学校的主要使用空间，应考虑设置无障碍楼梯或电梯，以方便残障人士使用。

各大高校因办学方向、专业设置均有所不同，所招收的残障学生人数也不尽相同。各高校应将人数指标定在幅度比较大的范围内，并根据各自实际情况取值。在室内宜设置无障碍卫生间或无障碍厕位，方便残障人士使用。

2. 中小学及幼儿园建筑

中小学及幼儿园和高校比起来，残障人士数占总人数的比例相对较小，为了给残障学生带来方便的同时又不影响健全学生，在基建投资上应更合理、经济和科学。故宜在残障人士相对集中的区域设置供残障人士使用的特种中小学校及幼儿园。

根据中学的建设现状，36 个班以上的学校，其校舍设施比较健全，标准比较高，故应按高校的无障碍设计标准进行无障碍设计。无障碍卫生间或无障碍厕位宜设在建筑底层，以方便残障人士使用。

残障学生不宜在离家很远的地方上学，宜选择离家不是很远的且能满足其需求的学校。

3. 特种学校建筑

盲人学校、聋哑学校、培智学校在建设时，要特别顾及学生的特殊使用需求，在相关位置进行无障碍设计。

（十二）居住建筑

1. 一般规定

为方便残障人士，无障碍住房应设在底层。若无障碍住房设在二层及以上，应设无障碍电梯，其公共楼梯可按常规方法设计；如果不设电梯，那么就要考虑在公共楼梯进行无障碍设计，以方便残障人士和老年人使用。

2. 低层、多层住宅及公寓

无电梯的低层、多层住宅及公寓的建筑入口 10% 以上应在踏步边加设方便残障人士和老年人出行的坡道、升降平台或无障碍入口。

考虑到独立式、低层联体住宅均为单入口，此类住宅的无障碍设计可按具体购买者的要求进行单独改建。

3. 宿舍建筑、无障碍寝室

"无障碍寝室"这一概念是相对无障碍住房而言的。因为无障碍住宅是完整的，包括厨房、浴室、卧室，而一般的寝室只有卧室，所以就有了"无障碍寝室"这一概念，无障碍寝室，卧室和卫生间均可设置。

（十三）居住区

1. 道路

住宅小区是城市最大的综合建筑群，为了方便全体居民的出行，无障碍道路建设是重要环节之一。

为了方便轮椅使用者和婴儿车通过，居民区各级道路纵坡不宜过大。在人行道边缘设置路缘石后，由于每个交叉口的地面高差会阻碍轮椅的连续移动，需要在路缘石道路上设置路缘石坡道。在公共建筑入口、公共绿地入口等人行横道外设置石坡道，以保持无障碍道路的连续性。

为满足视障人士的出行需求，在视障人士集中居住地区的人行道上设置盲道，在主要地区设置盲文地图，并在道路周围的人行道上安装音响设备，确保视障人士的安全。

2. 公共服务设施

各居住区应有一整套完善的满足居民日常生活需要的无障碍公共服务建筑，如派出所、社区办、综合百货商场、理发店、综合修理部、文化活动中心、门诊所等建筑；为满足 0.7 万～1.5 万居民的需求，应有一套适应基本需要的无障碍公共服务建筑，如幼稚园、学校、粮油店、菜店、综合副食店等建筑。

（十四）养老设施建筑

养老设施是为老年人提供住养、生活护理等综合性服务的设施，含福利院、敬（安、养）老院、老年护理院、老年公寓等。

福利院、敬老院、老年护理室按其床位数分为甲乙两类：床位数大于等于 100 的为甲等，小于 100、大于等于 50 的为乙等。养老设施按标准由高到低又分为一、二、三级，一级设施以单人卧室、双人卧室为主，3 人及以上卧室的比例不大于 40%；二级设施以双人、3 人卧室为主，4 人卧室的比例不大于 50%；三级设施以 3 ～ 4 人的卧室为主。老年公寓以单人或双人卧室为主。

无障碍卧室尺度的设计，应着重考虑轮椅使用者的通行和回转，此尺度可在老年人卧室的基础上适当增长。规定卧室床端至墙面的距离不应小于 1.5 米（是指在没有墙面突出物的情况下）。

按 GB50867—2013《养老设施建筑设计规范》的规定，一级设施应附有卫生间，并配置 3 件套洁具；二级设施附有卫生间的比例不小于 60%，并配置 2 件套洁具；三级设施附有卫生间的比例不小于 30%，配置 2 件套洁具。

老年人公寓按 2% ～ 5% 的比例设无障碍套型，老年公寓起居室的面积不小于 10 平方米，厨房不小于 5 平方米，卫生间不小于 4 平方米。

（十五）公共停车库（场）

残障人士停车位设置的数量，应根据停车库（场）的规模而定。规模极小的停车库（场），应设置 2 个泊位；如有困难时，可经有关部门同意只设 1 个泊位。另外，残障人士停车位与入口的距离应确保最短。如有条件，最好设在建筑物的入口旁。

（十六）设备

1. 给水排水

残障人士、老年人这一群体的体能、视力等均比健全人或中青年人差一些，因此为他们服务的给水、排水系统设计及设备配件选型，应以如何让他们更为便捷地使用且保障其安全为前提和原则。

无障碍客房和无障碍住房的卫生间与残障人士、老年人等群体的日常生活休戚相关，因此，给水排水设计应满足他们的需求。

首先，因残障人士（包括视觉残障人士）、老年人等行走不便，所以，卫生间应靠近卧室，以方便他们使用。但给水排水立管有水流噪声，不应靠近卧室的内墙，以免影响他们的休息。当不能避免时，应采取防噪声措施。

其次，卫生间配置 3 件套卫生洁具，且颜色宜为白色，这是为了方便视觉残障人士、老年人等识别和使用。

最后，器具、配件造型及安装要求如下。

（1）坐便器

①坐便器采用挂墙式，可使卫生间空间加大，且易于清洁。

②坐便器的高度宜为 45 厘米，这主要是考虑方便轮椅使用者由轮椅到坐便器之间的转换和平移。该尺度与目前市场上的轮椅高度相近。

③清洗阀的安装高度宜离地 80 厘米，以方便残障人士和老年人的操作。

④考虑到残障人士和老年人行动迟缓，轮椅、拐杖会撞击管道，因此，给水排水管道应暗敷，明敷时应采取保护措施。

（2）洗面盆

①洗面盆宜采用挂墙式或台盆式，下部净空高度不宜小于 60 厘米，主要是考虑给残障人士留有膝盖伸入的空间。

②洗面盆的冷、热水龙头宜采用光电控制的感应式自动水龙头，或采用杠杆式、揿压式水龙头，这主要是因为残障人士、老年人握力差，动作迟缓。如采用自动关闭阀，则保持开通的时间应大于 10 秒钟。

③洗面盆下的冷、热水管和排水管宜暗敷。

（3）浴缸

①残障人士、老年人等行动迟缓、应变能力差，因此，宜采用平底防滑式浅浴缸。浴缸离地不宜太高，一般宜为45厘米。

②浴缸冷、热水龙头使用时易忽冷忽热，难以调节，故宜采用红外感应恒温水龙头。

③与喷淋头相连的金属软管长度不宜太短，太短使用不方便。喷淋头既要有固定的，又要有手持的，这对残障人士来说更方便。

残障人士、老年人等群体自理能力差，易将使用的物件掉进污、废水管内，造成管道阻塞，因此，宜将污、废水管放大1档，且应满足自净流速的要求，否则，比不放大管径的水流情况还要差。

公共场所设有饮水器的，应考虑残障人士使用的方便和安全，特别是应考虑残障人士坐在轮椅上能方便饮水。

2. 暖通

残障人士、老年人等群体步履蹒跚、动作迟缓，体能不如健全人或中青年人，如果不供暖，冬天室内温差波动大，易引发感冒；夏天不设降温措施则易使其中暑。同时，应营造良好的自然通风环境。

设有空调设施的无障碍客房和无障碍住房，应避免冷、热风直接吹向人体，这易使关节受凉而感冒。

无障碍寝室的公共卫生间、浴室和盥洗室应有供暖保温设施。同时，应注意自然通风和换气次数不应小于6次，尤其是公共浴室更应防止窒息事故的发生。

3. 燃气

因残障人士、老年人等群体生理机能差，当燃气泄漏时，不能敏捷地采取措施，故应设燃气泄漏自动报警装置和自动切断装置，以确保残障人士和老年人的安全。

燃气灶具的控制开关应设在前端，以便于残障人士、老年人使用时调节火候。燃气管道宜明敷，主要是为了安全，万一泄漏，易于及时发现并修理。明敷管应有保护措施。如暗敷时，应符合有关管道暗敷的要求。

4. 电器

无障碍住房内的电源插座、电话（资料）终端、电视终端等的设置数量与普通住宅相同，但安装高度不同。

　　照明开关选用拔把式或宽型翘板式；求助信号可以采用具有无障碍标志的信号灯。

　　听力残障人士可通过使用可视电话或文本电话，进行手语或文字的交流。由于听力残障人士不能听到电话铃声，因此，需要通过闪光信号显示来电。听力残障人士由于在火灾发生时听不见消防广播，因此，需要设置具有闪光报警功能的可视火灾报警装置。

第二章 无障碍家居设计

人类生存的四大基本要素是衣、食、住、行。随着时代的进步、社会的发展、科学技术的飞跃前行，人们的生活水平与之前相比，可谓发生了翻天覆地的变化。相应地，人们对衣、食、住、行的要求也就越来越高，特别需要强调的是，"住"是安家之本，无论对于健全人还是残障人士，大家关注的点是，在设计中如何能够更好地体现"以人为本"的设计理念。

对于居住环境的设计，首先要从人文关怀的角度出发，切实保证残障人士的居住舒适度，为其提供良好的生活环境，让这一特殊群体不再"特殊"。在设计中，设计者要充分考虑这一人群的实际情况，并结合其生理功能特点，设计出适合他们的无障碍居住环境，让居住者感到安全、方便、舒适，从而体现"以人为本"的设计理念。

家居用品在研发设计过程中，必须尊重人体构造尺寸，如家居用品的尺度、造型等必须以人体尺度为基础，符合人体各部分的活动规律。同时，还要兼顾"个性化"和"人性化"需求。特别要对重残、双残家庭的厨房、卫生间等进行无障碍改造，满足残障人士的基本生活和出行需求，改善残障人士的生产生活条件。

第一节 无障碍家居设计的内涵

什么是无障碍设计？它是指一切和衣、食、住、行息息相关的公共空间环境及各类建筑设施设备的规划设计，必须充分考虑残障人士、老年人的使用需求，配备能够满足这一群体相关需求的装置。

无障碍设计强调，所有与人类活动有关的公共空间环境，以及各类建筑设施设备的规划设计，都应充分考虑弱势群体的使用需求，体现国家的人文关怀和社会文明程度，其中弱势群体包括残障人和老年人。无障碍家居设计是为了方便弱势群体的基本家居生活，应考虑所有因素，如适用性、耐用性、易用性和维护率，确保弱势群体使用的便捷和安全。

随着社会的进步，"以人为本"的设计理念愈加深入人心。越来越多的无障碍设计出现在人们面前，用不同的"设计语言"彰显着"人性化"的特点，"以顾客为中心"的思维方式已经得到了广泛的认可，产品设计过程中针对消费者心理开展研究也随之成了新的趋势。因此，研究设计心理学、人体测量学对开展无障碍家居设计具有重要意义。

一、设计心理学

设计心理学不是独立的学科，它是应用心理学的一个分支，是研究设计如何与消费者心理相匹配的学科。在工业产品设计活动中，可通过设计心理学研究如何把握消费者心理，遵循消费者的行为规律，设计出适合他们的产品，最终提升消费者满意度。

二、人体测量学

（一）人体测量学的研究对象

人体测量学是通过测量人体各部位尺寸大小来确定个人之间和群体之间在人体尺寸上的差别的一门科学。人体测量学主要研究两种人体尺寸，即结构尺寸和功能尺寸。人体结构尺寸主要指人体的静态尺寸，包括头部、躯干、四肢等在标准状态下测得的尺寸。在室内设计中应用最多的人体结构尺寸包括身高、坐高、臀部—膝盖长、臀部宽度、膝盖和膝腘高度、大腿厚度、臀部—膝腘长度、坐时两肘之间的宽度等数据。人体功能尺寸指人体的动态尺寸，就是人体活动时所测得的尺寸。由于行为目的的不同，人体的活动状态也不同。人体功能尺寸的测量相对困难。例如，手臂可及的极限并非唯一由手臂长度决定，它还受到肩部运动、躯干扭转、背部屈曲以及操作本身特性的影响。要精确测量其尺寸是比较困难的，但根据人体的静态尺寸，主要的人体功能尺寸也可以测量。

（二）人体测量学的基本术语

①被测者姿势。被测者的姿势通常分为立姿和坐姿，其中立姿指被测者挺胸直立，头部以眼耳平面定位，眼睛平视前方，肩部放松，上肢自然下垂，手伸直，手掌朝向身体，手指轻贴大腿侧面，膝部自然伸直，左、右足后跟并拢，

前端分开，使两足大致呈 45 度夹角，体重均匀分布于两足；坐姿指被测者挺胸坐在被调节到腓骨头高度的平面上，头部以眼耳平面定位，眼睛平视前方，左右大腿大致平行，膝弯曲大致成直角，足平放在地面上，手轻放在大腿上。

②测量基准面。测量基准面的定位是由 3 个互为垂直的轴，即垂直轴、纵轴和横轴来决定的。测量基准面有矢状面、正中矢状面、冠状面、水平面之分，其中正中矢状面将人体分为左右对称的两部分，冠状面将人体分成前后两部分，水平面将人体分成上下两部分。

③测量方向。在人体的上下方向上，上方称头侧端，下方称足侧端。在人体的左右方向上，将靠近正中矢状面的方向称为内侧，将远离正中矢状面的方向称为外侧。在四肢上，将靠近四肢附着部位的方向称为近位，将远离四肢附着部位的方向称为远位。对于上肢，将桡骨侧称为桡侧，将尺骨侧称为尺侧。对于下肢，将胫骨侧称为胫侧，将腓骨侧称为腓侧。

（三）人体测量学与家居用品的关系

家居用品设计涉及的内容较多，仅以卫生间为例来说，无论是大设施（坐便器、浴盆、淋浴器、洗手盆）还是小设施（各种扶手、手纸架、报警器、开关、毛巾架），设计上都要与人体的各项尺寸相符合，例如，身高、臂长、腿长等人体数据。

另外，对每个房间门的高度和宽度进行设计时，要了解人在进入房间时的姿势和活动范围及其功能尺寸，掌握了相关数据，才能最经济、最科学地确定门的大小。

第二节　无障碍家居设计的现状及其设计原则

一、无障碍家居设计的现状

相对于西方国家来说，中国的无障碍设计起步较晚，20 世纪 80 年代才出现在北京、上海、广州等大城市中。中国是世界上人口最多的国家，残障人士约占人口总数的 5%，约有 6000 万人。有关数据显示，21 世纪初，中国的建筑物中设置无障碍设施的只有 21.3%，很多建筑缺少最基本的无障碍通道，弱势群体在这样的建筑物面前只能望而却步。要特别说明的是，无障碍家居设计理念在家居设计中的应用更是凤毛麟角，普通的家居设计给弱势群体的生活带来了极大的不便。

但随着科技的发展，社会的进步，无障碍设计也随之得到了空前的发展。经过数十年努力发展，城市的主干道、主要商业街以及住宅小区均设置了无障碍设施。

二、无障碍家居设计的设计原则

无障碍设计从残障人士和老年人的生活轨迹出发，注重每一个细节，从点滴着手，关爱他们的生活起居，使他们可以像健全人一样独立地生活。可以说，无障碍设计是一种空间的规划手段。为确保设计更加完善，在设计中应秉承实用性原则、安全性原则、舒适性原则、自理性原则、创新性原则。

（一）实用性原则

家居设计的实用性原则主要体现在"用"字上，使用者应感觉方便或者好用，这是设计的前提。家庭生活是残障人士等弱势群体常规生活中最为重要的组成部分，无障碍家居设计的目标就是"无障碍"，无论材料的选用，还是安装的质量，都要首先考虑适用、耐用、好用及维修率等因素。无障碍家居设计的宗旨就是为弱势群体的正常生活提供最大、最可靠、最科学的无障碍环境，而非只做表面文章，从功能角度出发，摒弃那些华而不实的外壳，保障弱势群体的使用舒适度。

（二）安全性原则

无障碍设计的主要服务对象是弱势群体，他们由于自身的生理、年龄、疾病和特殊状态等原因，对环境的感知力较差，反应的灵敏性也较低，其生理特点决定了他们生活中反应速度与处理速度的迟缓性，因此使得这类人群在生活中面临着许多危险。因此，在家居设计中，要综合考虑弱势群体的生理功能等特殊因素，所使用的材料及设施要精心筛选。具体到无障碍家具设计中，家具的外型应做圆角处理和弧线处理，防止残障人士和老年人滑倒时被磕碰，在关键位置要设置防滑垫。另外，要在家中安装报警装置，并定期检修，防止设备发生故障而引起安全问题。总之，在无障碍产品设计的过程中，安全性应重点考虑。

（三）舒适性原则

家是人们身心的寄居之地，可以说，家庭生活的舒适度直接影响到人们的幸福指数。弱势群体的家庭生活也不应被忽视，在进行家居设计时，要充分考虑他们的需求，根据他们的性格特征、个人喜好等进行设计，让无障碍设计体现在家庭生活的每一个角落，让弱势群体没有孤立感，可以很好地融入正常生活，感受作为心灵港湾的家带来的舒适、呵护和温暖，使他们有归属感。

舒适的家庭环境对弱势群体的身心康复能起到积极的作用。因此，针对弱势群体的无障碍家居设计要充分考虑其居住的舒适性因素。比如，面向视力残障者的设计，应简化外观造型，布局平直。在其行动空间内，无意外突出物。

（四）自理性原则

弱势群体由于受其生理、年龄、疾病和特殊状态等的影响，在生活自理方面受到了不同程度的限制，在普通环境里需借助他人的帮助完成基本的常规活动。但这种帮扶对弱势群体来说是被动接受的。因此，为方便弱势群体的生活，确保其能够自理，在进行无障碍家居设计时，应通过辅助手段，让弱势群体提高生活自理能力。

（五）创新性原则

无障碍产品是针对残障人士等弱势群体设计制作的，随着相关产品的不断发展，设计师在保证原有功能不变的前提下，又创造性地发明了诸多新功能，更加突出了情感化、人文化和无害化，主要体现在产品的技术创新、产品的文化创新和产品的人性化创新3个方面。

家居用品设计必须基于弱势群体的特点展开，通过研究该群体的身体特点、认知特点、文化特点等，从中挖掘其需求，开发满足其独特需求的新产品。现今社会的整体科技水平相较过去有了明显的提高，许多科学技术很适合应用于无障碍家居产品设计，但在产品的设计过程中应考虑到特殊人群的学习能力与生理自理能力，在引入新型功能的时候应充分运用视觉、听觉和触觉等直观有效的手段给予一定的提示，帮助他们使用。

另外，不同弱势群体在衰老的过程中身形尺寸会有所变化，人的身高相比年轻时候会有一定程度的降低，而且不同地区、不同年龄的人的身形尺寸也各不相同，因此在设计家具时，在考虑舒适度与易用性的同时应考虑增加智能化调节功能，以满足使用人的不同使用要求。

第三节 无障碍家居装修

无障碍家居装修对于弱势群体极为重要，在设计时，要围绕如何消除障碍展开。在设计中要特别重视提高生活质量，让其生活在安宁、舒适的环境中，只有这样的生活起居环境才能让这一特殊人群放松身心，心情愉悦。无障碍家居装修应尽可能地发挥对周围环境的调控作用，如空调的设计能够做到调温、保湿，保证让残障人士始终处在舒适、清爽的环境中；针对视觉残障人士和行动不便者，可以设计一些语音识别产品，让他们仅仅借助于声音就能够完成对某一东西的指挥；温度、光线传感器在家居产品中的应用也能够完成对居住环境的调节，这些特殊技术的应用能够很好地实现对于周围环境的随意调节和控制，提高他们对生活的满意度。

家具不宜过多、过于复杂，且家具的外露部分应避免有棱角，要进行圆弧处理。少用玻璃类易碎、尖锐的装修材料和家具，包括玻璃的门、茶几、器皿等，因为这些都可能成为伤害弱势群体的"工具"。在选择家具材质时，最好选择皮革、布艺类的软性材质。增加安全指引措施，可以在走廊、楼梯等处都添加扶手，以便给视觉障碍者以支撑和指引；也可以在家里制造专用通道，通过在地面和墙面上设计的具有凹凸感的线条，为视觉障碍者指引方向；此外，各空间墙面也应采取不同的装修材料，以帮助残障者区分。灯光设置应区分强弱，夜间最好有低度照明，便于起夜如厕；视力较弱的人，写字看书灯光应强一些。具体来看，对于视觉障碍者来说，家中墙面上还可安装盲文抚摸装置以及声音指示装置，他们可以通过触觉和听觉在家中自由活动。对于聋哑人来说，家中可安装特殊的门铃，若有人按门铃，振动仪器可使屋里的指示灯变亮，聋哑人便可快速地开门。对于行动不便的老年人来说，家中应适当增加电子设备，方便老年人对居住环境进行调节。

一、卫浴间

对于残障人士家庭来说，卫浴间是装修时的重点。因为卫浴间里最容易发生意外，所以要采取更多的安全措施作为保障。

（一）确保通行顺畅与安全

1. 空间不宜太小

卫浴间的面积要给使用轮椅者留出足够的空间，确保轮椅能在里面随意打转，避免轮椅在里面出现卡壳的情况。卫浴间的面积不能小于 2 米 × 1.3 米或 1.8 米 × 1.8 米。

2. 门的宽度需足够

对于轮椅使用者来说，卫浴间的门的宽度和空间大小一样重要，只有有足够的宽度才能确保轮椅顺利通过。所以，宽度不得小于 0.9 米。如果卫浴间使用平开门，门扇应该向外开启，门扇开启后的通行宽度不应小于 0.8 米，门执手最好采用横执把手，在门扇内侧应设关门拉手。

3. 地面应注意防滑

残障人士大多依靠拐杖或轮椅进行活动，如果地面过于光滑的话，很容易摔倒。这点至关重要，卫浴间的地面装修在选材上就不可马虎，最好选用有花纹、防滑性好的地砖和防滑垫。同时，确保地面平整、地漏排水顺畅，不要出现积水现象等。

4. 安全抓杆不可少

残障人士使用的卫浴间应尽可能安装一些安全抓杆，给他们以支撑，方便身体自由移动。要注意安全抓杆的高度，要符合残障人士的身体情况。同时，要确保抓杆安装的牢固性。

5. 呼叫按钮不可忽视

即使是健全人，在卫浴间也容易发生滑倒等事故，更何况残障人士和老年人。这类人群身体本身就比健全人弱，发生危险后如果得不到及时的救治，会造成更严重的后果。为减少这类事故的发生，建议在卫浴间安装紧急呼叫按钮。呼叫按钮的安装涉及弱电布线，需要充分考虑电路设计。同时，要特别注意呼叫按钮的高度，不宜太高，以距离地面 40 ～ 50 厘米为宜。

（二）确保使用方便

1. 坐便器的选择与安装

通常有残障人士的家庭在装修卫浴间时，需考虑安装坐便器，因为残障人士的身体情况不允许其使用蹲便器。在经济条件允许的情况下，最好选用功能齐全的智能型马桶。

与蹲便器相比，老年人更适合使用坐便器，因为老年人在使用坐便器时体位变化较小，可大大减少意外的发生。在选用坐便器时，最好选择挂墙式的坐便器。因为这种坐便器既可以节省卫浴间的空间面积，又易于清洁。坐便器安装高度要注意不能过高，常见高度为45厘米左右，长度为65～75厘米。当坐便器前方有墙或其他高起物时，距离应保证在60厘米以上，并可在其前方设置水平扶手，帮助老年人借力起身。考虑到护理人员的服侍动作，坐便器前方和侧方均应留出一定空间，使护理人员可在坐便器前侧方抱住老年人身体，帮助老年人擦拭、起身。

使用轮椅的老年人如希望靠近坐便器，则需在其周边留出更大的空间。坐便器如果紧邻卫生间门，要保证卫生间门的开启边沿与坐便器前端的距离不小于20厘米（放腿的空间），避免他人开门的动作对正在使用坐便器的老年人造成磕碰，发生危险。坐便器一侧应靠墙，便于安装扶手，辅助老年人起坐。扶手的水平部分距地面65～70厘米；竖直部分距坐便器前沿20～25厘米，上端不低于140厘米。老年人有时不能保持身体的稳定，可根据需要对坐便器另加靠背支撑，两侧可加设休息扶手。对于身体非常虚弱的老年人，还可在坐便器前方加设可供手肘趴伏的支架，平时收在侧边，需要时折下使用，坐便器应根据个人需要来设置。

2. 洗手盆的安装

洗手盆最好采用挂墙式或者立柱式，这样可以给残障人士提供足够的活动空间。台盆下部净空高度不宜小于60厘米，以给使用轮椅者留出足够的膝盖伸入空间。但洗手盆也不宜安装过高，一般在80厘米左右或者按照残障人的身高来决定。对于一些握力较差或视力不佳的残障人士来说，卫浴间的冷、热水龙头最好采用较为智能的感应水龙头，或是容易辨别的杠杆式水龙头，以避免烫伤他们。

3. 沐浴设施的安装

为保障残障人士沐浴的舒适度，建议安装浴缸。浴缸宜采用防滑式的浅浴缸。如经济条件不允许安装浴缸的话，建议采用恒温的水龙头。同时，选用既能固定又可手持的喷头，喷头的软管不宜太短。另外，对于站立不便的人，还可以配备专用的浴凳，凳子可固定在墙壁上，平时可以向上折叠靠在墙上，用时再放下来。

二、厨房

厨房无障碍设计要满足一些身体状况不是很糟，只是在行动上有所不便的残障人士的需求。在对厨房的装修进行设计时，首先要考虑橱柜的设计，或者换句话说，橱柜需要为残障人士量身定做。通常情况下，应采用 L 形或 I 形橱柜，给他们留出足够的活动空间。同时还要注意操作台的连续性，橱柜操作台高度，需根据残障人的身体情况而定，对于坐轮椅的残障人士来说，橱柜操作台的高度应该较一般的低 5～10 厘米，台面的深度确保不超过 60 厘米，以方便其洗菜、切菜和做菜等操作。中部柜和上部吊柜下部的高度分别在 1.2 米和 1.4 米为宜。为取物方便，橱柜的储藏空间最好不要设于顶柜的上层或地柜的底层。橱柜的台面也应该宽敞一点，方便将经常使用的物品摆在显眼处。橱柜操作台前，应至少留有 90 厘米宽的空间，以便人走动或下蹲取物。在选购橱柜的时候，要尽量避免选择上翻门。

另外，橱柜间的设计应该留出轮椅使用空间，方便轮椅使用者使用厨房，橱柜操作台与对面墙之间至少要有 1.5 米的宽度，以便于轮椅转动。和卫浴间的设计一样，厨房的入口也应能使轮椅通过。此外，厨房插座的高度也应根据残障人士的实际情况而定。局部橱柜底下建议留空，为方便使用，橱柜的水槽和炉灶底下建议留空，不做底柜，以方便轮椅进出。

其次，在设计吊柜时，最先考虑的是高度问题，应根据使用者的实际需求来设置，通常情况下要低于 40 厘米，而深度在 45 厘米左右。吊柜最好能自动升降，同时，底柜最好采用推拉式，把手最好是长条形，以方便轻松开启。

再次，要做好厨房移门的设计。保证移门轨道应与地板持平，方便轮椅进出自如。同时，移门材质不应选取玻璃材质，应选用实木或塑木材质，以避免玻璃破裂给使用者带来不必要的伤害。

最后，注重厨房厨电安全。燃气灶具的控制开关设在前端，便于使用时调节火候；燃气管道宜明敷，主要是为了安全，万一泄漏，易于及时发现、修理，明敷管应有保护措施；厨电最好能够选用智能型的，如有自动保温功能的电锅、电水壶等。

三、卧室

在对卧室和起居室进行无障碍设计时，应充分考虑室内的采光和通风，卧室窗户卡扣位置应移至轮椅使用者能伸手触及的高度，一般在 40 厘米以内。床位高度尽量与轮椅持平，以方便轮椅使用者使用，并且床的周围应预留出足以让轮椅旋转的空间。橱柜挂衣杆高度应小于或等于 40 厘米，其深度应小于或等于 60 厘米。过高的橱柜或低于膝盖的大抽屉均不宜使用。起居室同卧室一样，在设计时应充分考虑弱势群体自由活动的空间，起居室中家具的摆放，应符合轮椅通行、停留及回转的使用要求，从而满足残障人士和老年人在起居、饮食方面的需求。阳台与居室地面高差不应大于 1.5 厘米，并以小斜面过渡。

床和每个人的关系最为密切，无论是健全人还是残障人士。尤其是残障人士，他们对于床的舒适度的要求更为苛刻。那么，要增加床的舒适程度，就要对床的柔软度进行合理、科学的设计。通过对人体脊柱曲线的研究，我们发现人的脊柱在自然状态下大致呈 S 形，从侧面看有 4 个生理弯曲，而人睡眠要达到最舒服的状态，必须使人躺着时脊柱曲线最接近其自然状态，过硬和过软的床都会使脊柱改变自然的生理弯曲，这就会导致人体的不舒适。所以，要调整床垫的软硬程度，如果能按照人体不同部位对床垫产生的压力不同调整床垫的软硬度，使人仰卧时的脊柱曲线接近其自然状态，人就会感到舒适。人体仰卧时，臀部对床产生的压力最大，我们通过使臀部支撑增强，来增加舒适度。另外相关研究表明，残障人士不适合睡软床，过软的床会增加其起卧的难度，还可能加重如关节疼痛、腰肌劳损、骨质增生等疾病的症状，所以，残障人士最好不要使用过软的床。

因残障人士腿脚不方便，床面过高或太低，对他们都不利。经过研究和调研发现，床的高度控制在 42 厘米左右比较合适，这样的高度利于残障人的起卧。这个床面的高度，加上褥垫的高度，刚好和轮椅的高度一致，同时还有利于残障人从轮椅到床上的转移。

设计床的长度时除了要考虑人体的身高因素外，还要在两端给头和脚预留出一定的余地。有些残障人士因脊柱萎缩，脊椎弯曲度增大，身高会降低；60 岁的老年男性平均身高为 164 厘米。为了使残障人士和老年人更为舒适，床的长度约为 2 米较为适宜。

床的宽度一般为人肩宽的 2.5 ～ 3 倍，老年男性肩宽为 46.9 厘米，所以老年单人床宽取 1 米适宜。女性的人体尺寸要比男性小，所以此标准对于女性同样适用。

四、家庭通道

家庭通道设计对轮椅使用者或借助拐杖行走者来说非常重要，科学合理的设计既能保证他们能够自由出入，又能保障他们的人身安全，使他们的身心得到健康发展。

在通道设计中首先要考虑"开口净宽度"。轮椅的宽度一般为 70 厘米，其旋转半径约为 1.2 米，双拐横跨度一般为 75 厘米。因此，通道宽度一般不低于 1.5 米，门的宽度不低于 85 厘米，高度差不超过 5 厘米，高度差超过 2 厘米的要考虑增加坡道。同时，通道拐角处要预留出更大的活动空间，以方便轮椅进出。

五、客厅

家里有残障人士的家庭，所有器物的棱角部分均需采取安全防护措施，避免对相关人群造成碰伤、刮伤等伤害；客厅需采用无障碍照明开关，方便视力障碍人士掌握电源的开关信息；并采用无障碍防护插座，防止残障人士误触电；还应配备无障碍电视遥控器。

六、阳台

阳台地面应做防滑、无积水处理；阳台应配备升降晾衣架；阳台窗户要安装安全护栏，并安装窗户开启报警装置；在阳台进出口设置提示盲道等。

七、其他无障碍辅具适配

①学习类辅具。如文字阅读机、听书机、盲文写字板、助视器等。

②通信类辅具。如语音电话机、语音手机。

③生活类辅具。如盲人手表、语音体重秤、语音报时器、盲人针、万能语音充电器。

④健康类辅具。如语音血压计、语音体温计、语音血糖仪、语音健康秤。

于细节处暖人心，无障碍产品的设计应处处体现"以人为本"的设计理念，设身处地地从使用者的角度出发，注重满足使用者生活中多方面的需求。设计人员应该进行设计创新，改变固有设计思路，使无障碍产品的设计更能切实地满足相关人群的需求，提升他们的生活质量。

总之，无障碍设计的发展是社会文明进步的一项重要指标。完善的无障碍系统设计可帮助弱势群体实现生活自理的愿望，也可以在一定程度上扩大他们的生活活动范围，使他们能够独立生活。无障碍设计对构建和谐社会有至关重要的作用，同时它也蕴含着全社会对弱势群体的人文关怀。

第三章　智能化家居设计

智能化家居逐渐出现在寻常百姓家，给人们带来更安全、高效、舒适的生活体验，简单的"一键式"操作便能大大提升人们的生活质量。家居智能化设计的前提是，要考虑产品本身的安全性、便利性，带给使用者的舒适性，其自身的艺术性及节能环保效果。

智能化家居可以用"机器适应人"的方式来解决弱势群体的居家生活问题，可以说是无障碍领域的重要应用工具。本章运用马斯洛层次需求理论，分析弱势群体对于居家生活的需求要素，分析智能化家居对弱势群体生活的影响有多大，提出智能化家居的设计原则，根据智能化家居产品分类，分析弱势群体选购的考虑要素，并对智能化家居的应用未来进行展望。对智能化家居产品来说，最重要的是以实用为核心，摒弃那些华而不实，只能充作摆设的功能，产品应以实用性、易用性和人性化为主。

第一节　马斯洛需求层次理论及弱势群体对智能化家居的要求

一、马斯洛需求层次理论

马斯洛需求层次理论是人本主义科学的理论之一，其不仅是动机理论，同时也是一种人性论和价值论。这是由美国心理学家马斯洛于1943年在一篇名为《人类激励理论》的论文中提出的，文中将人类需求从低到高按层次分为5种，分别是生理需求、安全需求、社交需求、尊重需求和自我实现需求。当一个人在食不果腹、衣不遮体，既得不到尊重又缺乏爱的时候，对食物的需求欲望是最为强烈的，相比之下，其他需求则显得没那么重要了。因为在这种极端情况下，人的意识是模糊的，除了饥饿恐怕想不起任何事情，所有的动机都只为获取食物。对于他个人而言，恐怕能吃饱是他人生的最大追求。只有人满足了温饱、满足了最低层次的需求后，才有精力和时间去考虑可能出现的更高级的、社会化程度更高的需求。

（一）生理需求

作为最低层次的生理需求，包括呼吸、水、食物、睡眠、生理平衡和分泌等，如果这些需求（除性以外）任何一项得不到满足，人类个人的生理机能就无法正常运转，正常的生理需求都得不到满足，何谈其他的更高层次的需求。换而言之，如果生理需求得不到满足，人类的生命就会因此受到威胁，还有什么比生命更重要的呢？答案当然是否定的。在这个意义上说，生理需求是推动人们行动的最首要的动力。马斯洛认为，只有这些最基本的需求满足到维持生存所必需的程度后，其他的需求才能成为新的激励因素。

（二）安全需求

安全需求包括人身安全、健康保障、资源所有性、财产所有性、道德保障、工作职位保障等，马斯洛认为，整个有机体是一个追求安全的机制，人的感受器官、效应器官、智能和其他能量主要是寻求安全的工具，甚至可以把科学和人生观都看成满足安全需要的一部分。当然，当这种需要一旦相对满足后，也就不再成为激励因素了。

（三）社交需求

社交需求通常指情感和归属的需求，包括友情、爱情、性亲密等，人是群居动物，彼此间需要关心和照顾。感情上的需求没有生理需求直接，反而显得更为细腻，它和人的生理特性、经历、教育、宗教信仰有很大关系。

（四）尊重需求

尊重的需要包括尊重他人、被他人尊重，等等。在社会生活中，每个人都是平等的，无论从事什么职业，无论处境如何，都希望有一个稳定的社会地位，希望个人的能力和成就能够得到社会的认可。尊重的需要可以分为内部尊重和外部尊重。内在尊重意味着一个人希望在任何情况下都能自信和独立。简而言之，内部尊重是一个人的自尊；外部尊重是一个人想要有地位和权威，想要被别人尊重、信任和高度重视。马斯洛认为，通过满足尊重的需要，人们会对自己有信心，对社会有热情，对生活充满希望。

（五）自我实现需求

自我实现的需要是 5 种需要中的最高层次，包括解决问题的能力等。它是指实现自己的理想和愿望，最大限度地实现自我实现，使人们接受自己，更多地解决问题，并善于自己做事，需要不间断地独处，需要完成所有与自己能力相称的事情。马斯洛认为，自我实现需要努力挖掘自己的潜力，成为希望成为的人。

在自我实现的需要之后，存在着自我超越的需求，但这在马斯洛的需要层次中通常不是一个必要的层次，他们大多把自我超越纳入自我实现的需要之中。马斯洛在 1954 年出版的《激励与个性》一书中探讨了对知识的需求和对美的需求，这两种需求都没有列入他的需求层次，他认为这两种需求应该放在尊重需求和自我实现需求之间。

一般来说，上面列出的 5 种需求就像一个从低到高的阶梯，依次上升，但顺序并不是完全固定的，它们是可变的。每个人都有需求，只有满足了一个层次的需求，才会有另一个层次的需求，最迫切的需求应该首先得到满足。一般来说，当一个层次的需求得到满足时，个体就会主动追求更高层次的需求，这已经成为个体行为的驱动力。

生理需要、安全需要和社交需要是较低的层次，而尊重和自我实现的需要是需要通过内部因素传递的更高层次，一个人对尊重和自我实现的需要是无止境的。同时，一个人可能有几个需要，但每次都有一个支配性的需要来决定行为。高层次需求发展后，低层次需求依然存在，但其对行为的影响大大降低。马斯洛和其他行为心理学家一致认为，一个国家大多数人的需求水平与该国的经济、技术、文化和教育发展水平直接相关。在发展中国家，生理和安全需求占主导地位，而较高需求占主导地位的比例较小；在发达国家，情况恰恰相反。

二、弱势群体对智能化家居的要求

弱势群体的需求具有多样性，其需求同样也符合马斯洛需求层次理论。生理需求是一切需求中最基本的要素，残障人士也不例外，他们也需有最低层次的生理需求，主要体现在弱势群体对水、空气、食物、保暖以及排泄的需求等，这是每个人赖以生存的基础条件。然而，弱势群体对于这些基本需求会产生更多的侧重，例如，在饮食上更加注重康复和养生保健，在环境上更注重健康自然，在温度上比正常人更加注重保暖等。对于居家的弱势群体来说，他们对安全的需求较之健全人更为迫切，集中地体现在预防生理损伤、防止外来入侵两方面。弱势群体希望不生病或者少生病，以求正常生活、健康生活，以及在生病时有所依靠，能够得到良好的照顾，他们渴望能够像健全人一样健康地生活。弱势群体的居住环境应以简单舒适为主，这一群体比健全人更在乎居住的内部设施是否存在安全隐患，是否可以有效地预防外来袭击、掠夺、盗窃等。弱势群体对于归属与爱的需求表现得最为强烈，他们害怕孤独也害怕被孤立，怕别人以异样的眼光看他们；他们更渴求来自家人的关爱，渴求家庭的温暖；作为社会人，这一群体有参与社会活动的需求，他们渴望与邻里、亲朋、好友进行沟通交流。同时，他们也有爱情需求。另外，弱势群体有极强的自尊心，希望得到他人的赞美和尊重，也更容易受环境、他人态度、情绪的影响，特别在意他人的看法，对于他人对自己的态度尤为敏感。并且很大一部分弱势群体在心态上有一种"不认输"的劲头，较为排斥专门为弱势群体进行特殊化的设计，他们不希望自己和他人存在差异。自我实现需求也是弱势群体需求的一部分，他们希望做一些力所能及的事情，尽可能地发挥自己的潜能，从中得到成功的满足感，得到人们对他的赞美和认可，得到从自我实现到自我超越的幸福感。

因此，利用高科技手段搭建的智能化家居环境，应更好地满足弱势群体的需求，使他们能从中学习到新的知识、进行一些娱乐项目或者自我挑战，提高对生活的信心。

智能化家居通常包括智能灯光控制、智能电器控制、智能背景音乐、智能视频共享等功能。它将与家居生活有关的设施及产品集成，构建高效的住宅设施与家庭日常事务的管理系统，从而提升家居安全性、便利性、舒适性、艺术性。对于工业设计领域而言，产品的开发都是围绕人的需求进行的。产品的升级也是为了提高人们的生活质量，以人为本的设计理念要求设计的家居用品实用，然而，多数针对弱势群体的产品设计虽然在一定程度上达到了服务于弱势群体的要求，但是在使用产品的过程中，尤其是电子产品，仍需经过"人适应物"的过程，不能更为便捷地服务于弱势群体，无障碍智能化家居设计应尽快向"物适应人"的方向转变。

现有的弱势群体家居产品可以分为两类。一类是在已有的产品上稍做修改，将已有产品转化成弱势群体产品。例如，在浴室、厨房设置扶手，以确保弱势群体的安全。另一类则是弱势群体专用产品，即设计出一种专门服务于弱势群体的特殊用品，例如，轮椅、拐杖等。然而，这两类产品的共同点都是针对性较强。对于部分行动能够自理的弱势群体来说，他们反而会排斥这类产品，因为他们更希望融入正常人的生活。智能化家居则是一种很好的设计，它能够更好地服务于弱势群体，让弱势群体体验到满足感和幸福感。

第二节　智能化家居的设计原则

智能化家居是一种整体的配套系统，其最基本的目标是为人们提供一个方便、安全、舒适和高效的生活环境，更好地服务于特殊人群。

智能化家居产品注重的是安全实用，从功能角度出发，摒弃那些华而不实的外壳。智能化家居设计应遵循如下原则。

一、实用性原则

工业产品的实用性是产品的基本属性，智能化家居的控制方式必须符合简单实用性原则，仍然按照传统方式对居家产品进行控制，那就失去了智能控制的意义。弱势群体对于智能化家居产品的实用性要求很高，设计师应当从弱势群体的切实需要出发进行设计。

二、标准化原则

智能化家居系统的设计应依照国家和地区的有关标准进行，确保系统的扩充性和扩展性。在系统传输上采用标准的 TCP/IP 协议网络技术，以保证不同厂商之间的系统可以兼容与互联。

第三节　智能化家居系统产品简介

表 3-3-1 为智能化家居系统产品一览表。

表 3-3-1　智能化家居系统产品一览表

产品名称	定义及说明
控制主机	又称智能化家居集中控制器，是指封装好的控制器硬件和软件，备有相应外围接口，控制主机通常包括各种形式的控制器终端产品
智能照明系统	又称智能照明控制系统，是利用通信传输、信息智能化处理及电器控制等技术组成的分布式控制系统，对灯光具有高度的强弱调节、场景设置、定时设置功能

续表

产品名称	定义及说明
电器控制系统	电器控制系统由控制主机中的模块单元、连接线路、传感器和执行器模块组成
家庭背景音乐系统	由一个集中的音乐源或可汇入的音乐源经过功放设备放大，通过连接线缆、连接单元和包含调音模块的控制面板连接到分区或房间，由各个音箱喇叭进行播放，实现背景音乐效果
家庭影院系统	在家庭环境中搭建的一个可欣赏电影、享受音乐的系统
对讲系统	可视对讲系统由门口主机、室内可视分机、不间断电源、电控锁、闭门器等基本部件构成，具有叫门、摄像、对讲、室内监视室外、室内遥控开锁、夜视等功能，住户在室内与访客进行对话的同时可以在室内机显示器上看见来访者影像并通过开锁按钮控制大门开启，达到阻止陌生人进入大门的目的
视频监控系统	主要包括网络摄像机。网络摄像机可作为灵活的图像视频监视设备与智能化家居系统配合使用
防盗报警系统	防盗报警系统由电源部分、信号输入设备、信号输出设备、内置拨号器等多方面组成
门禁电锁	指配合智能化家居产品使用的各种门禁电锁，如电动门、电动窗。门禁电锁是门禁系统的重要组成部分，是门禁系统的关键设备
智能遮阳系统	通常由遮阳百叶或者遮阳窗帘、电机及控制系统组成。控制系统软件是智能遮阳系统的一个组成部分，与控制系统硬件配套使用
暖通空调系统	指温控器和 HVAC 控制
太阳能与节能设备	包括家庭使用的太阳能电池、电器设备，节能、节水及高能效的设备

产品名称	定义及说明
自动抄表系统	也称为集中抄表系统、远程抄表系统。是指采用通信、计算机等技术，通过专用设备对各种仪表（如水表、电表、气表等）的数据进行自动采集和处理的系统
智能化家居软件	是指独立的第三方软件
家居布线系统	家居布线系统从功用来说，它是智能化家居系统的基础，是其传输的通道。智能化家居布线也要参照综合布线标准进行设计，但它的结构相对简单，主要参考标准为家居布线标准
家庭网络	这里的家庭网络是一个狭义的概念，是指由家庭内部具备高通信能力的设备构成的高速数据网络
厨卫电视系统	可在厨房、卫生间等位置安放，进行数字电视和有线电视播放，可作为智能化家居系统的控制器、对讲系统的室内分机使用
运动与健康监测产品	是具备联网功能的监测个人健康的产品
花草自动浇灌器	包括浇灌器主机、与主机连接的控制器和水管系统

以下是对智能化家居系统产品的具体分析。

一、控制主机

控制主机通过直接连接或者协议转换间接控制方式实现智能照明、家电控制、家庭安防、智能遮阳、家庭能源管理等功能。与互联网连接的控制主机还能实现网络控制和远程控制的功能。控制主机及相关产品包括控制器、分控制器等。

控制主机可为一个独立的设备，也可以是一个可明显区分的嵌入设备。许多智能化家居厂商的控制主机可用电脑代替。控制主机还能在第三方的智能化家居软件的配合下，实现更好的场景设置、时间管理和跨平台的连接，让用户获得更佳的体验。

二、智能照明系统

智能照明系统由系统单元、输入单元与输出单元组成。系统单元可用于提供工作电源；输入单元的主要功能是将外部控制信号换成网络上的传输信号，包括红外接收开关、红外遥控器、多功能的控制板等；输出单元用于接收来自网络传输的信号，控制相应回路的输出以实现实时控制。在智能化家居系统中，智能照明系统是一个核心系统，每个智能化家居品牌厂商都可实现这一功能，通常将智能照明系统整合在控制主机中。

三、电器控制系统

在智能化家居系统中，电器控制系统也是一个核心系统。智能化家居系统中的电器控制系统除了包括嵌入控制模块的开关插座外，还包括连接智能化家居系统的各种遥控器和信号中转放大设备以及各类定时器和家庭自动化配件。

四、家庭背景音乐系统

家庭背景音乐系统有4种常见的配置方式，包括不可分区的单一音源播放，可分区的单一音源播放，独立控制的多个音源播放，可加入本地音源的独立控制的多个音源播放。在智能化家居系统中，家庭背景音乐系统是一个选配系统。目前，家庭背景音乐系统所采用的音箱主要有吸顶喇叭、壁挂音箱（嵌入式）、平板音箱（壁挂形式）等几种。

五、家庭影院系统

家庭影院系统可让家庭用户在家就可欣赏影碟片，聆听专业级别音响带来的音乐，并且支持卡拉 OK 娱乐。一般来说，一套家庭影院系统需要信号源、终端及功放 3 个部分。其中，信号源包括 VCD、DVD、蓝光碟机、个人计算机、CD 等；终端包括显示设备（平板电视机及投影机）和音箱，音箱要求回放质量要好；功放对于家庭影院系统很重要，一般用专门的 AV 功放。家庭影院系统的显示设备可选择平板电视机及投影机，对于条件好的房间来说，首选投影机作为显示设备。

六、对讲系统

对讲系统包括家庭使用的可视或非可视对讲系统、小型电话交换机系统。在智能化家居系统中，对讲系统属于家庭安防系统的一部分，是一个常见的选配系统，尤其在别墅中较常见。

七、视频监控系统

完整的视频监控系统由摄像、传输、控制、显示、记录登记5大部分组成。摄像机通过同轴视频电缆将视频图像传输到控制主机，控制主机再将视频信号分配到各监视器及录像设备，同时可将需要传输的语音信号同步录入到录像机内。通过控制主机，操作人员可发出指令，对云台的上、下、左、右的动作进行控制及对镜头进行调焦的操作。利用特殊的录像处理模式，操作人员可对图像进行录入、回放、处理等操作，使录像效果更佳。视频监控系统包括摄像机、监控系统附件等。

八、防盗报警系统

防盗报警系统通常由报警探头（前端探测器）和报警控制器组成。报警探头包括门磁开关、玻璃破碎探测器、红外探测器和红外/微波双鉴器、紧急呼救按钮等。

在智能化家居系统产品形态中，大多数智能化家居控制主机与报警控制器是两个相对独立的硬件，但也有在控制主机中嵌入报警控制器、在报警控制器中嵌入控制主机的情况，安防报警产品厂商设计的智能化家居系统多以后者为主。

九、门禁电锁

在智能化家居系统中，门禁系统多与其他系统相整合，并不成为一个独立的系统。门禁电锁包括门禁磁力锁、门禁电插锁、门禁阴极锁、门禁阳极锁、门禁电控锁等。

十、智能遮阳系统

智能遮阳系统能根据周围自然条件的变化，通过系统线路，自动调整帘片角度或做整体升降，完成对遮阳百叶的智能控制，既能阻断辐射热、减少阳光直射，又能充分利用自然光，节约能源。

除此之外，还有一种简化的智能遮阳系统，通常称为电动窗帘，它由电机、减速轮组、主动轮、滑轮和环形滑线组成。

智能窗帘的控制方式有定时控制、半自动控制、智能化的亮度控制和场景控制、手动控制四种，尤其是智能化的亮度控制和场景控制最为常见，通常在会客模式、影院模式、睡眠模式、离家模式生效时，与智能照明系统、电器控制系统、家庭背景音乐系统、家庭影院系统、防盗报警系统产生联动，达到调整室内光照、营造气氛、保护隐私等目的。

十一、暖通空调系统

家庭常用的暖通空调系统包括家用中央空调系统、新风系统、采暖系统。

家用中央空调系统是小型化的独立空调系统。在制冷方式和基本构造上类似于大型中央空调，适用于别墅、公寓、家庭住宅和商业场所等。

新风系统是空调的三大空气循环系统之一，包括室内空气循环系统、室外空气循环系统。其主要作用就是实现房间空气和室外空气之间的流通，从而净化空气。凡是有人长时间在其中活动，并且通风不畅的房间均有必要使用新风系统。总的来说，户式新风系统（采用负压通风方式）适合用在换气次数较少的公寓、别墅、婴儿房等小空间场所；对于人的活动较多、换气次数较多的KTV、网吧等娱乐场所，以及机房、宾馆、商场、工厂、写字楼、餐馆、银行、教室、幼儿园、医院病房等场所，最好使用新风机组，因为换气次数多，能量损失多，需要使用热回收新风系统。

采暖系统目前常用的有 5 种。一是普通的热水采暖系统，常见的有普通铸铁散热器、改良型铸铁散热器、钢制散热器等。二是地板辐射采暖系统，是以不高于 60℃的热水为热媒，让其在加热管内循环流动，通过地面以辐射和对流的传导方式向室内供热的供暖方式。三是热风采暖系统，即使用设在地下室内的暖风机将室外的冷空气加热后，经设在墙内的风管送到卧室、起居室，这部分空气再经过厨房、卫生间，排至室外。一般卧室、起居室换气次数为每小时2 次，以保证人们在冬季拥有足够的新鲜空气。四是挂镜线或踢脚板式散热器。五是发热电缆与电热膜采暖系统，由于采用较先进的电热膜发热技术加热室内空气达到取暖目的，其热效率远高于普通电暖气类设备。

智能化家居系统中，控制主机通常需要借助原有的传感器采集暖通空调系统的数据，并通过原有的执行器进行控制，在协议开放的基础上，智能化家居系统产品厂商也会针对性地开发包含了状态显示和执行功能的第三方的模块。控制主机管理暖通空调系统的好处在于可进行多种场景设置，可与其他系统联动从而营造更舒适、安全、节能和人性化的居住环境。

十二、太阳能与节能设备

如高效照明器具、太阳能电池板、太阳能产品、风力发电等。

十三、自动抄表系统

自动抄表系统一般是通过数据采集器读取各种仪器的读数，然后通过传输控制器将数据传至管理中心，对数据进行存储、显示、打印。这解决了上门入户抄表带来的扰民、数据上报不及时、管理不便等难题。

十四、智能化家居软件

第三方软件企业通过与智能化家居系统具有产品厂商达成底层协议，开展合作，开发具有智能灯光控制、智能电器控制、智能温度控制、智能影音控制、智能窗帘控制、智能安防控制、智能遥控控制、智能定时控制、智能网络控制、智能远程控制、智能场景控制等功能的软件。

第三方的智能化家居软件存在的前提是协议开放、产品兼容。越来越多的智能化家居系统产品厂商已经认识到了这个问题的重要性，并进行了大量的工作，中国智能家居星级联盟就是推进协议开放和产品兼容的一个重要组织机构，它认证的智能化家居软件能够识别和控制所有联盟成员的系统产品。

十五、家居布线系统

智能化家居布线系统可以说是智能化家居系统中最基本的系统，许多其他智能化家居系统都需基于智能化家居布线系统来完成传输和配线管理，包括宽带接入系统、家庭通信系统、家庭安防系统、家庭娱乐系统等。

家居布线系统中有一个重要的产品是家居布线箱，又称为住宅信息配线箱，或者弱电箱。家庭住宅采用住宅信息配线箱的好处：其一，能对家庭弱电信号线进行统一布线管理，有利于家庭的整体美观；其二，强弱电分开，强电电线产生的涡流感应不会影响到弱电信号，弱电部分更稳定；其三，更方便于对弱电布线的自主管理。在智能化家居系统产品中，家居布线箱是一个基本的配置产品。

十六、家庭网络

有两种家庭网络类型最流行，分别是无线和以太网。在这两种类型中，路由器执行大部分工作，负责控制相互连接的设备之间的通信。将路由器连接到拨号、DSL 或电缆调制解调器，还可以让多台计算机共享一个因特网连接。许多新型路由器将无线技术和以太网技术结合在一起，并且包含硬件防火墙。

家庭里的通讯和网络设备，包括智能化家居系统，都可通过家庭网络与外界相连。同时，家庭中的服务器和电脑具备较强的运算和图形计算能力，可以协助视频监控系统、家庭能源管理系统完成更复杂的视频信息处理和数据运算。另外，硬盘和备份设备也是智能化家居系统中的数据保存设备，它们对视频监控系统来说尤为重要。

十七、厨卫电视系统

厨卫电视系统具有对讲开门功能，可进行门禁开锁操作，可收听 FM 立体声，具有电话转接功能，可作为带触摸屏的遥控器。

十八、运动与健康监测产品

在智能化家居系统中，运动与健康监测产品通常指具备监测个人健康与运动状况功能的家居与家电产品。

十九、花草自动浇灌器

花草自动浇灌器主机由微型电机、齿轮、止水阀、定时器、电源开关等组成。它会按照预先设定，根据湿度的变化自动打开电源开关将水分定期、定量、及时地补充给花木。

第四节　如何选购智能化家居产品

一、明确需求

在进行智能化产品选购时，首先要清楚自己的需求是什么，想要一些什么样的"智能"，在哪一方面需要智能，有了方向就好选择了。倘若盲目安装智能化家居产品不仅会和自己的预期效果相差甚远，打乱生活原有的秩序，还会令你付出额外的支出。每个家庭对智能生活的需求不同，所以选择的智能产品也不一样。智能化家居产品具有个性化的特点，可以任意组合，从而满足不同人群对智能的要求。

二、选择品牌

明确需求的下一步，就是选择智能化家居产品的销售商。明智之举就是，选择一家大品牌的智能化家居产品厂商，这是规避风险的良方。因为大品牌的厂商让人感到踏实，既可确保产品的质量过关，又能保证服务水准。

三、兼顾外观工艺

在购买选择产品时，要兼顾外观工艺，因为好的外观工艺能给人带来美的享受。

四、关注技术更新

智能化家居产品属于高档智能产品，由于技术不断发展更新，产品的更新换代极为频繁，为了更好地享受智能化家居带来的舒适生活，消费者在选购产品时，一定要多关注技术的更新，产品的兼容性、扩展性等。

五、性价比高的

在上述诸多标准都达标的前提下，最后一步要在划定的小范围内选择"物美价廉"的产品，切记要货比三家，尽可能找到一个平衡点，找出心仪的产品。我们要做到"只买最好，不买最贵"，将资金的作用发挥到极限。

第四章　仿人机器人在残障人士生活中的应用

本章针对仿人机器人在不同技术发展阶段的品应用特点展开分析，通过研究仿人机器人的应用可行性、应用范围、应用前景等内容，让人们充分认识到仿人机器人对残障人士的重要性。仿人机器人的外形和人类酷似，双"手"能抓取物体，双"脚"能移动位置，甚至可以完成人类喜怒哀乐的表情。对仿人机器人进行设计制造时，以人的形态和行为方式为模板。仿人机器人的制造技术代表着当今最先进的科学水平，仿人机器人的出现，使很多残障人士切实地得到了帮助。

随着科技的进步和人们生活水平的提高，城市无障碍设施的建设越来越完善，而仿人机器人随着智能技术的快速发展，功能也将更加完善，能更好地服务于残障人士。将仿人机器人应用到照顾残障人士的衣食住行当中，不仅可以减轻他们的心理压力，丰富他们的精神世界，还可以提升他们的生活质量，对社会也会产生积极影响，仿人机器人是帮助残障人士实现无障碍生活的重要工具。

第一节　机器人的发展历程和仿人机器人的特点

一、机器人的发展历程

机器人的发展历程分为如下 4 个阶段。

第一阶段，发展萌芽期。1954 年，乔治·德沃尔发明了第一台可进行数字操作以及可编程的机器人 Unimate，它是现代机器人产业的基础。1958 年，美国发明家恩格尔伯格建立了 Unimation 公司，并于 1959 年研制出了世界上第一台工业机器人。与此同时，在日本，机器人成了流行的漫画角色，成了文化进步的符号，日本政府开始大力鼓励机器人研究。

第二阶段，产业孕育期。随着计算机技术、现代控制技术、传感技术、人工智能技术的发展，机器人得到迅速的发展。1962 年，美国 AMF 公司生产出第一台圆柱坐标型机器人。1970 年，日本早稻田大学研发出世界上第一个仿人机器人 WABOT-1，它具有 3 个基本系统：肢体控制系统、感官系统、语言系统。在此期间，由于劳动力不足等问题，德国、日本等发达国家投入大量资金发展机器工业；在军工方面，机器人技术在实战中也得到了不断的检验和提升，如 20 世纪 60 年代末，越南战场成为自动化指挥技术和传感器网络的试验场。但是总的来说，这一时期的机器人属于"示教再现"型机器人，即只具备记忆、储存能力，按照编程程序进行作业，凭借自身记忆进行操作，不具备对外界变化做出反应的能力。

第三阶段，快速发展期。机器人在这一阶段发展迅速，应用范围日趋广泛，机器人广泛应用于消费品和工业品的大规模生产之中。日本加藤一郎研究室于 1984 年研发了擅长艺术表演的 WABOT-2，其会吹风琴，能读乐谱，并能为人伴奏等。1986 年，本田公司开始研究与人类互动的机器人，大大让机器人更具人性化。1999 年，索尼推出了一种能够与人类互动的机器狗 AIBO。在 2000 年，本田公司公布了他们仿人项目的最先进的成果——ASIMO，ASIMO 能跑，能走，能与人类交流，能识别人脸、环境、声音和姿势。2000 年 10 月，联合国估计世界上有 74.25 万台工业机器人，其中 50% 以上在日本使用。2006 年起，机器人模块化、平台统一化的趋势越来越明显，机器人产业得到快速的发展。从某种意义上来说，在日本很多人把机器人当作人类的伴侣。随着机构理论和伺服理论的发展，机器人进入了实用阶段，在日本很多机器人代替了伴侣，甚至从某种意义上说比伴侣还要贴心，尤其是残障人士对机器人的宠爱程度更不可小觑。

第四阶段，智能应用期。随着感知、计算、控制等技术的迭代升级和图像识别、自然语音处理、深度认知学习等人工智能技术在机器人领域的深入应用，机器人逐渐渗透到社会的各行各业以及人类生活的各项活动中。

二、仿人机器人的特点

仿人机器人与传统机器人（如工业机器人）相比，外观更接近人，在外表的设计上更趋于人性化，智能程度更高，还具备基本的沟通交流能力，因此更具有亲和力，更能被人们所接受，尤其深受残障人士的喜爱，他们可以借助仿人机器人得到心灵的慰藉。除此之外，仿人机器人还是结合了科技与情感的综合产物，不仅功能智能，思维以及外在形态上的高度仿真也赋予了它更高层次的智能。

随着技术水平的提高，仿人机器人的功能越来越完善，正被用于人类社会的各行各业，已经成为人类不可或缺的助力，比如陪伴老年人和病人，充当向导，以接待员的角色与客户互动，甚至可能成为人类移植器官生长的宿主等。

第二节　仿人机器人在残障人士生活中的应用分析

一、应用需求分析

在我国各类残障人士的总数已达 8500 万，约占中国总人口的 6.21%。残障人士根据诱因可以分为先天性残障人士和后天性残障人士，前者的治愈率相对较低，大部分都需要他人来照顾生活起居。后者多因受到突发事故或疾病的影响而致残，部分残障人士可以经过康复训练恢复正常生活，相比于先天性残障人士，后天性残障人士的内心创伤比较严重，可能还伴有各种心理疾病，在受到他人照顾时，内心的压力较大，更容易出现情绪的异常波动，容易形成心理疾病，如抑郁症、狂躁症等。仿人机器人能够营造良好的沟通氛围，而且可以为残障人士提供日常所需的服务内容，使残障人士不会有太多的心理负担，从而可以积极地在日常生活中进行康复训练，能让他们获得更多的满足感和成就感。另外，仿人机器人能够减轻残障人士家庭中其他成员的压力，从而确保整个家庭生活的正常和稳定，而家庭生活的正常和稳定反过来又可以提高残障人士本人的无障碍生活水平，从而形成良性的正向循环。因此，仿人机器人对残障人士来说十分重要。

二、应用可行性分析

1956 年夏，一批科学家在美国的达特茅斯大学举办了一次研讨会，会议上同意使用由麦卡锡提出的新术语——人工智能（AI），标志着人工智能学科的诞生。在科学技术快速发展的背景下，仿人机器人的功能也在不断完善，能够服务于更多的领域，同时其思维运作模式也在很大程度上可以模仿正常人类。现在所生产出的仿人机器人不仅具备了语言沟通能力、行动能力、平衡能力等，还可以根据指令做出比较复杂的动作，如跳舞、快速移动等，这也使得仿人机器人更加贴近生活，成了人们生活性的人工智能。仿人机器人的"情绪"稳定，不会出现人类的情绪波动（如对残障人士不耐烦甚至歧视残障人士等）因此更加适合照顾残障人士，深得残障人士和残障人士的家属的喜爱。

三、应用范围分析

仿人机器人可以应用到残障人士生活起居的各个方面，帮助残障人士实现无障碍地生活。它的应用范围大概归为四大类，具体分析如下。

第一，在智力方面，仿人机器人一方面可以为残障人士提供知识学习平台，激发残障人士的学习兴趣，提高残障人士的智力水平；另一方面，仿人机器人可以提供信息交流平台，让残障人士实时了解最新资讯，实时知道世界的新动向。

第二，在情感方面，仿人机器人随着人工智能（AI）技术的发展，将能更好地学习、理解和模仿人类的行为和思维，拥有人们的情感和意志，可以在复杂环境条件下，理解和预测主人的价值取向、主观意图，并且能够灵活地进行思维决策，拥有更强的创造力，能完成各种复杂的任务，代替人在更大范围内工作。到那时，从纯逻辑的角度来看，仿人机器人和人类将没有根本的区别，可以为残障人士提供满足其各种需要的专业陪护。

第三，在康复训练方面，可以在仿人机器人程序内加入监测芯片，就像电影《超能陆战队》中的"大白"一般，可以对病人目前的机能状态进行监督预测，同时还可以引导病人进行康复训练，由于残障人士没有过多的心理负担，因此康复速度相较于使用传统训练模式要更快一些。

第四，在安全预警方面，仿人机器人可以作为专业陪护来照顾残障人士的饮食起居，并且在残障人遇到危险时还可以发出求救信号，为残障人士争取到更多的救援时间。特别是在灾难预警方面，如在仿人机器人内部安装火警报警器检测室内温度、烟雾浓度以及空气质量。在发现异常情况后，仿人机器人除能发出警报信息外，还能够把残障人士移动至安全区域，确保残障人士的生命安全。

四、应用前景分析

中国乃至世界上许多国家，除了残障人士需要仿人机器人外，幼儿、老年人等特殊人群也需要。随着老龄人口的增加，许多养老院在传统模式下需要不断增加医护人员，以此来满足用工的需求，这就导致了医护人员的供不应求。而仿人机器人的应用，可以填补医护人员紧缺的空当，同时还可以为残障人士提供更加专业的服务，仿人机器人不仅能提供更加优质的服务，在一定程度上还能缓解医患矛盾。不仅是在养老院，在未来的发展过程中，仿人机器人还会逐渐入住到个人家庭当中，为家庭提供更加优质的服务。

五、发展趋势分析

（一）全方位的安全保障

无论在何时，安全问题一直都是人们最为关注的话题，在仿人机器人未来的发展过程中，安全性始终都是需要考量的重点内容之一。具体来说就是在设计仿人机器人各项参数时，需要从机械设计、传统工业设计、人体工程学、心理学等方面展开考量，同时需要进行模拟实验、风险评估等必要工作，以此提高仿人机器人的安全性，让使用者放心也让其家属安心，只有安全得到保障，才会被人们所选择。

（二）个性化的信息交互界面

残障人士相比正常人而言，其自身生理机能相对较差，对此在设计仿人机器人时，不能只考虑其功能性问题，而是需要结合用户自身的特点，有针对性地进行设计，要有个性化的信息交互界面，使仿人机器人可以准确接收到用户下达的指令，提供准确的服务内容，从而提高仿人机器人的使用价值，使其可以为用户提供更加优质的服务内容。

（三）功能集成与模块化

不同的残障人士在日常生活中的需求不同，对服务内容的要求也存在着一定的差异性，所以设计仿人机器人时，要进行合理科学的设计，把实用性和舒适性结合起来，满足个性化的需求。如果按照通用化设计方式来完成仿人机器人的设计，很难提供个性化的服务，会降低仿人机器人与用户之间的契合度，这样很难满足个性化人士的需求，也体现不出仿人机器人的优势所在。在未来的发展过程中，需要对仿人机器人的功能进行集成或模块化划分，在用户提出请求时，可以直接从对应模块中提取到相应的服务内容，从而提高仿人机器人的工作效率，降低使用成本。

（四）人工情感化

除了上述内容外，仿人机器人在未来的发展过程中，不会局限于对人体基本形态的模拟操作，而是会继续向着人工情感化的方向进行发展，即沿着人类意识开发、人类情感等方向发展，这也使得仿人机器人可以更加了解残障人士的内心想法，提供更好的精神服务。

综上所述，随着人工智能技术的迅速发展，仿人机器人作为其产物，在未来必然迎来爆发式的发展。仿人机器人可以帮助残障人士实现无障碍地生活，对于社会的稳定也起着积极的作用。

第五章 残障人士常用辅助器具

第一节 辅助器具的分类

辅助器具属医学康复工程范畴，现今已完全融入残障人士的生活，成为他们生活中不可或缺的一部分。常用的辅助器具有 3000 多种。

辅助器具类型多样，所呈现出的作用也不尽相同，主要分为代偿功能类、辅助生活类、康复训练类等几种类型。

代偿功能类主要包括假肢、各类轮椅、助听器等。例如，小腿截肢的残障人士安装上假肢后，就能够行走、骑车，甚至可以负重劳动等；助听器能够有效地放大声音，可以帮助听力残障人士学习语言，与正常人沟通交流；各类轮椅是肢体残障人士的代步工具，借助轮椅他们可以走出家门，参与社会生活。这些辅助器具，就是想让他们像正常人一样生活，获得更多的满足感。

辅助生活类主要有各类助行器具、生活自助器具和残障人士专用的学习器具等。例如，各类拐杖、助行架，能够帮助肢体残障人士支撑和步行；生活自助器具包括防撒碗、拾物器、残障人士专用勺等，帮助残障人士最大限度地实现生活自理；学习器具包括盲人写字板、笔，盲人电脑、打字机，聋人可视语音系统，供高位截瘫人专用的电脑操作系统等。这些器具的使用让他们能够独立地生活，同时也可以解放家庭其他成员。

康复训练类可以帮助残障人士锻炼和恢复部分人体功能。例如站立架，帮助截瘫病人站立；各类训练肌力的器具，帮助偏瘫、脑瘫的残障人训练体能；各类智力玩具，帮助智力残障人士训练基本生活技能等。

第二节 残障人士辅助器具基本配置目录

为帮助残障人士更迅速、直观地了解相关用品的价位、使用年限以及适用人群，让他们在选取时不再盲目，笔者特意做了如下表格，即表 5-2-1 残障人士辅助器具基本配置目录。

表 5-2-1 残障人士辅助器具基本配置目录

类别		名称	参考价格(元)	使用年限	产品说明	适用对象	主要作用
肢体残障	假肢	部分足假肢	3000	3	由国产材料制作的假肢接受腔、机械关节、聚氨酯或橡胶假脚，国产材料外装饰套及内衬等	上、下肢相应部位截肢，经评估适合装配假肢的残障人士	代偿或弥补肢体缺失部分的功能，使截肢者在身体平衡和外观上得到改善
		踝离断假肢	3000	3			
		小腿假肢	3000	3			
		膝离断假肢	4000	3			
		大腿假肢	6000	3			
		髋离断假肢	8000	3			
		部分手假肢	2000	3	硅橡胶定制装饰性手套		
		腕离断简易假肢	3000	3	国产组件及装饰性手套		
		前臂手	4000	3			
		上臂假肢	6000	3			
		肩部假肢	8000	3			
		前臂肌电假肢	12000	3	国产组件及装饰性手套	双侧上肢截肢者，其中与装配假肢对应部位经测试有实用肌电信号	使双侧上肢截肢者获得手的抓、握等功能

类别	名称		参考价格(元)	使用年限	产品说明	适用对象	主要作用
肢体残障	矫形器	矫形鞋	1000	2	国产材料定制产品	儿麻、偏瘫患者、截瘫残障人士或外伤性下肢功能缺失者(包括畸形)	改善足部功能
		足矫形器	200	2			
		踝足矫形器	600	2			改善相应部位的功能状态(如支撑)
		膝踝足矫形器	1500	2			
		膝矫形器	1000	2			
		脊柱矫形器	1000	2			
		颈托	200	2	国产材料通用产品	颈椎损伤者	防止损伤
	移动辅具类	助推轮椅	1000	3	国产护理型轮椅,铝合金材质,由护理者推动	经评估需配置轮椅但自身不具备驱动轮椅能力的残障人士	丧失自主行走能力的残障人士依靠他人实现移动功能
		普通轮椅	600	3	固定扶手,钢质车架	需借助轮椅代步的残障人士	代步工具及提高残障人士的生活能力
		功能轮椅	1000	3	活动扶手,活动脚踏板,另外可根据残障人士的具体情况增加头枕、身体固定带、腿托等配件,并具备附属功能,如可调为全躺位或半躺位	有位置转移需求、长时间借助轮椅活动的截瘫、偏瘫残障人士	
		电动四轮轮椅	10000	5	由电子装置控制轮椅的运动方向和速度,转向灵活,具有身体固定安全带和防倾斜装置;扶手及脚踏板可拆卸	高位截瘫残障人士,单侧上肢功能正常,只能依靠电动驱动轮椅的残障人士	使运动受限的残障人士实现自主移动
		手摇三轮车	1500	3	多种操控形式并设有倒挡装置	下肢残障,但上肢健全具有相应体力的残障人士	

类别		名称	参考价格（元）	使用年限	产品说明	适用对象	主要作用
肢体残障	移动辅具类	防褥疮坐垫	1000	2	充气垫、记忆海绵垫或凝胶垫	长时间乘坐轮椅、自行移位困难的残障人士	降低褥疮多发部位的受压程度，改善局部供血供氧状况，防止褥疮发生
		助行器	300	3	铝合金材质，高度可调，包括框式助行器、两轮助行器、四轮助行器	下肢残障，肌力及平衡能力较差，需借助其进行站立和行走训练以及辅助生活的残障人士	帮助行走困难的残障人士行走
		腋拐	100	2	木质、钢质或铝合金材质，高度可调	下肢残障但上肢功能健全的残障人士	
		肘拐	100	2	钢质或铝合金材质，高度可调	下肢伤残者	
		移乘板	200	2	高强度塑料或钢板制成，表面光滑，摩擦力小	轮椅使用者	帮助长期卧床的重度残障人士移动
	护理类	护理床	1500	5	手摇三折式，带床垫	无法独立翻身及自行坐起的残障人士	方便看护人员对重度残障人士进行护理
		床护栏杆	400	5	包括水平扶手和防护栏	截瘫、偏瘫残障人士	防止使用者从床上跌落，辅助翻身及做起
		床用桌	300	5	高度可调	截瘫、偏瘫残障人士	帮助长期卧床的残障人士进餐
		可调靠架	150	2	可折叠，角度可调	截瘫、偏瘫残障人士	用于支撑卧床者，便于其阅读、进餐等
		防褥疮床垫	2500	2	充气垫、记忆海绵垫	长时间卧床、自行移位困难的残障人士	降低褥疮多发部位的受压程度，改善局部供血供氧状况，防止褥疮发生
		座便椅	300	3	可折叠，框架式，有靠背，钢质材料	如厕困难的残障人士	帮助残障人士解决如厕困难问题
		引流袋	60		由引流管、集尿袋和外阀门构成	截瘫残障人士	用于截瘫残障人士尿失禁后收集尿液

54

类别	名称	参考价格(元)	使用年限	产品说明	适用对象	主要作用
肢体残障	日常生活类辅具 进食类辅助器具	100件	2	专用刀、叉、勺、筷、杯盘、防滑垫等	因为肢体残障而日常生活（包括进食、穿衣等）能力下降的残障人士	帮助残障人士自主饮食
	衣着类辅助器具			专用衣、鞋、袜等		便于残障人士穿衣
	洗漱类辅助器具			专用牙刷、梳子、刷子等		帮助残障人士洗漱
	居家类辅助器具			专用门把手、烹调用具、开瓶罐器，特制开关等		帮助残障人士解决居家生活中的困难
	家居无障碍改造 门的改造	1500	10	根据需求加宽门、剔除门槛、安装折叠门等；安装坡道（固定坡道或便携式坡道）	根据残障人士的需求，需要进行改造的家居环境	改善残障人士的生活状况
	扶手	500		专用洗手池扶手、坐便器扶手、淋浴扶手、浴凳等		
	卫生间改造	4000		改善项目包括水龙头、坐便器、门等		

续表

类别	名称	参考价格（元）	使用年限	产品说明	适用对象	主要作用
视力残障	盲文写字板和笔	100	5	4行×28方	盲人	盲用书写工具
	听书机	800	3	具备电子书阅读等功能	盲人、低视力残障人士	帮助残障人士学习、接收信息
	盲杖	60	3	铝合金材质，包括可折叠式和直杖两种	盲人	帮助盲人行走
	光学放大镜	100	2	普通光学助视器，树脂或玻璃制品，含多种倍数	低视力残障人士近用（如阅读）	改善残障人士的视力状况
	眼镜式助视器	200	2			
	单筒望远镜	100	2	焦距可调	低视力残障人士远用（如看远处的公交车牌、红绿灯等）	
	盲用手表	100	3	国产电子手表（语音报时）或者机械手表（触摸式）	视力残障人士	帮助视力残障人士计时
听力残障	闪光门铃	200	1	有闪光装置的门铃	听力残障人士	提示听力残障人士
	助听器	1500	4	包括盒式助听器、耳背式助听器等		改善残障人士的听力状况
	震动闹钟	150	2	具备震动功能的报时装置		提示听力残障人士
	环路放大器	700	3	环路放大器是根据电磁原理设计的一种放大器，它将电信号转换成磁场能量，供具有电磁接收功能的接收器使用（如助听器的"T"挡或"MT"挡）		适用于语音教学及助听器配戴者使用

类别	名称	参考价格（元）	使用年限	产品说明	适用对象	主要作用
各类残障	盲用电脑软件	2500	4	配置电脑辅助器具的前提是已具备个人电脑的基本配件（如电脑主机、显示器、键盘）	六岁以上视力残障人士	帮助残障人士使用电脑
	键盘保护框	500			六岁以上肢体残障人士	
	特殊鼠标	1250				
	手部辅助支架	500				
	沟通板	2500		采用嵌入式技术，可以语音、图形符号、文字等组合成扩大性输入／输出	语言障碍者	帮助语言障碍者进行沟通
儿童残障	坐姿椅	1500	3	具有调整功能，有放置双手的操作平台、限位装置	不能自行保持坐姿的残障儿童	帮助残障儿童保持坐姿
	坐姿保持装置	1200	3	定制或模塑产品		
	儿童轮椅	1500	3	除轮椅的基本配置外，还包括各种固定装置及限位装置	需长时间借助轮椅进行生活、活动的残障儿童	提高残障儿童的活动能力
	儿童站立架	1200	3	用于站立康复训练	不能自行站立的残障儿童	帮助残障儿童自行站立

续表

类别	名称	参考价格(元)	使用年限	产品说明	适用对象	主要作用
儿童残障	儿童助行器	400	3	手扶拉进式助行器，钢质或铝合金材质，高度可调，带止退装置	独立步行困难的残障儿童	帮助残障儿童独立行走
	儿童助听器	5000	3	数字式助听器有大功率或特大功率	听力残障儿童	改善残障儿童的听力状况
	无线调频系统	4900	3	无线调频发射和接收装置，与助听器相连接	听力残障儿童	辅助听力残障儿童学习和生活

注：1. 参考价格为指导性定价；
2. 使用年限为产品的正常使用年限；
3. 双侧上臂截肢者，一般在一侧装配肌电假肢，另一侧安装美容假肢；
4. 本目录"儿童残障"一栏所列辅助器具为残障儿童专用产品，如无特殊说明，其他产品适用对象中包括儿童

第三节　特色辅助器具介绍

一、带减重功能的机械式学步架

带减重功能的机械式学步架适用于脑部受到创伤或者腿部受到创伤的患者，他们长时间不运动，导致身体多个部位功能退化，需要花费很长时间进行调整，才能恢复到原来的状态或者恢复到与原来类似的状态。他们需要借助药物治疗与复健仪器，药物上的治疗往往只能减轻病人的痛苦，无法使病人彻底康复；而复健仪器的使用，往往需要医护人员的照看与指导，这些康复仪器还需要支付昂贵的治疗费用，这对于普通家庭来说难以承受，最后不得不放弃治疗，继而导致患者肌肉萎缩、肢体僵硬，失去甚至全部失去走动的能力，成为家庭的负担，严重影响自己和家人的正常生活。目前，国内大多是由有经验的

医疗工作者来辅助病人进行康复训练，这样的人工训练存在诸多问题。首先，需要有经验的专业人员帮助病人训练，而这样的专业人员数量有限；其次，在训练过程中护理人员凭借经验进行训练，这样的训练可能受护理人员状态的影响，不能科学地量化，同时增添了训练的风险；最后，训练过程需要专业的医疗工作者全程陪伴，这无疑是大材小用造成了劳动力的浪费。市面上现有的一些腿部辅助治疗仪器或类似设备，大都操作简单、功能单一，不能很好地满足病人的需求。

针对现有技术中存在的不足之处，带减重功能的机械式学步架应运而生，它是一种机械式减重康复辅助装置。这款辅助装置包括底座、支撑架和束袋。底座通过螺丝与支撑架连接，支撑架通过两个吊轮装置与束袋连接，支撑座上设置有蜗杆蜗轮机构，蜗杆一端设有一摇杆，蜗轮与轴杆一端连接；有了蜗杆蜗轮机构、吊轮装置和轴杆，就可以更好地调节绳子的长度，能适应不同患者的身高；患者在做康复训练时，可以紧握设置在底座上的把手来支撑身体；设置的万向轮和刹车片，可以使该辅助装置移动或者是固定在某个地方，以满足患者的需求。

以下结合图例对本产品进行详细介绍。

如图 5-3-1 至图 5-3-3 所示，这种机械式学步架，包括底座 1、支撑架 2 和束袋 3，底座 1 通过螺丝与支撑架 2 连接，支撑架 2 上设置有两个吊轮装置 4，支撑架 2 通过两个吊轮装置 4 与束袋 3 连接，支撑架 2 上设置有一轴杆 21，两个吊轮装置 4 与轴杆 21 连接，支撑架 2 上设置有蜗杆蜗轮机构 5，蜗杆一端设有一摇杆 6，蜗杆蜗轮机构与轴杆 21 一端连接。

本产品吊轮装置 4 包括吊轮支架 41、吊轮 42、绳子 43 和挂环 44，吊轮支架 41 两端分别与吊轮 42 连接，绳子 43 一端缠绕于轴杆 21 上，绳子 43 另一端穿过吊轮 42 并与挂环 44 连接，挂环 44 与束袋 3 连接。

本产品底座 1 上还设置有把手 11。患者在做康复训练时，可以紧握把手 11 来支撑身体，底座 1 上设置有万向轮 12，万向轮 12 一侧设置有刹车片 13，万向轮 12 和刹车片 13，可以使该装置移动或者是固定在某个地方，以满足患者的需求。

不同的患者具有不同的身高，我们可通过摇杆 6 使蜗杆蜗轮机构 5 转动从而带动轴杆 21 转动，轴杆 21 转动使得轴杆 21 上的绳子 43 收缩或者放长，以此来移动束袋 3 的高度，使得可以符合不同患者的身高；把束袋 3 挂在挂环 44 上，可以将患者的双腿紧固，使患者在移动的过程中无须使用太多的力量。

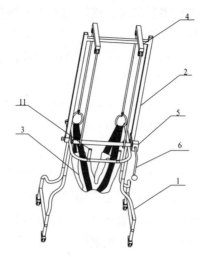

图 5-3-1

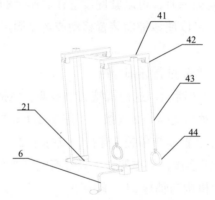

图 5-3-2

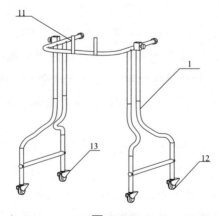

图 5-3-3

二、电动代步车

日本和欧美一些国家在很早以前就已开始关注老龄人口增加而带来的社会问题，为步行能力较弱的老年人和残障人士研发出了各种类型的电动轮椅代步工具。目前，对于电动代步车的研究主要集中在美国、日本以及欧洲的一些国家和地区。

中国台湾的电动代步车和轮椅车工业已经发展成了当地的支柱产业；相比较而言，中国大陆在这方面的研究和发展才刚开始起步，目前全国各省都兴起了一些开发研制电动代步车的厂家，尤其是在浙江、上海、广州和香港等地区比较多。另外，中国医学会已投入大量的人力物力来开发残障人士使用的电动轮椅车。但在当前阶段，大多数厂家都还处在研发阶段，批量生产的单位还很少。

现在的电动车车型比较多，除了电动自行车、电动摩托车以外，还有电动观光车、高尔夫球车、老年人代步车。而电动代步车与其他的都有区别，电动自行车仍有脚踏的设备，不属于机动车；电动代步车与电动摩托车的区别是，摩托车的许多构件设备（如刹车）都是对轿车的模仿，而电动代步车则是采用了控制器；而与观光车等的区别则主要就是，功用及使用环境的不同。

目前市场上的电动代步车主要面向老年人和居家妇女，这就决定了电动代步车要格外注意安全性能，确保舒适度，速度要能自动调节，操作上要趋于简单化，维修要方便。电动代步车可以是单座的，也可以是双座的；可以设计得简约轻巧，便于携带使用，也可以设计得豪华大气。虽然外观各种各样，但结构总体上没什么区别。现在的代步车分三轮代步车和四轮代步车，三轮代步车转向简单，驾驶灵活，但是稳定性不高，尤其是在转弯时容易发生倾翻，所以设计时要尽量保证底盘低；四轮代步车则占地面积稍大，但驾驶安全。安全可靠对于残障人士来说，是首先考虑的因素，他们行动不便，安全是重中之重，因此代步车的安全性能至关重要。

据相关资料显示，目前在国内市场上有 14 款比较有影响力的电动代步车，品牌和厂家所在地如表 5-3-1 所示。

表 5-3-1　国内较有影响力的电动代步车

电动车品牌	厂家所在地
必翔	中国台湾
绿源	浙江金华
爱玛	天津
捷安特	中国台湾
百瑞康	江苏苏州
雅迪	江苏无锡
阿米尼	广东深圳
信步	江苏徐州
艾司米	浙江金华
黑鳍鲨	浙江永康
捷奥比	上海
格罗贝尔	上海
日普	浙江金华
玛西尔	广东深圳

下面介绍几款典型的电动代步车。

（一）必翔 TE-889GX

必翔是中国台湾较大的电动代步车生产厂家，在电动代步车领域很有实力，这是因为其生产和研制电动代步车的时间较长。必翔的车型也比较齐全，囊括厚重型、简约型、普通型等，适合不同类型的人选择，TE-889GX 电动代步车在控制系统上采用数码密闭控制器，加速平顺、不抖动，下坡自动减速，节能省电；采用防爆冲设计，确保行车安全；在传动系统上采用密闭离合器式齿轮箱（专利），所用齿轮经过了锻造—热处理—精密加工等一系列工序，噪音低、经久耐用；参考人体工学设计，乘坐舒适，豪华美观。

（二）格罗贝尔 Zip'r4

格罗贝尔 Zip'r4 电动代步车的特点：具有简单、轻便的结构，能轻松地将它放置在小汽车的后备厢中；操作方式简单，使用起来较为轻松自如；一次充电可畅行 16 千米；还拥有良好的爬坡能力；最大承重量可达 113 千克；采用实心轮胎，不必为爆胎或漏气而担心。

（三）绿源 DHLF-4820Bt

绿源 DHLF-4820Bt 电动代步车的特点如下。①液晶显示仪表：使你更方便地掌控自己的时间，数字显示一目了然。②升级版三挡变速控制器：采用更人性化的设计，各种模式任意选择。③双挂钩：从细节处体现对消费者的关心。④超大坐桶：方便客户携带更多的随身物品。⑤高速电机：后轮采用差速高速电机行驶，动力强劲，上坡如履平地。⑥推行开关：当车遇到故障时，拉上开关，可以轻易把车推行；⑦前进后退开关：红色开关为前进后退开关，倒车时有语音提示，安全方便。

（四）信步 XB-C

信步 XB-C 作为徐州美世通电动有限公司中比较有特色的电动代步车，有如下特点：①采用美国柯蒂斯控制器，性能更稳定；②采用以美国进口的 55Ah 大容量电池，可以承受大电流放电（最大 160A），电池使用寿命长；③采用来自台湾的充电器，可以有效延长电池的使用寿命；④配有 500/800W 电机（带差速器，后置轴传动），采用汽车驱动原理，行驶里程更远，动力更强劲，持续爬坡能力强；⑤ PCB 板智能控制，可以连续以恒定速率爬坡和下坡，可以在低于 12 度的坡上停住；⑥采用从英国进口的电磁刹车系统，断电自动刹车，方便老年人操作，性能更安全；⑦采用豪华汽车座椅，可以前后移动，使乘坐更舒服，可以前后左右 4 个方向移动，方便上下车；⑧方向把可以三档调节，能满足不同人群的需求；⑨配有调速旋钮，可以有效限定最高时速。

第六章　居家康复的优势及其训练方法

近年来，居家康复越来越受欢迎，选择居家康复的患者的比例正在快速增加。究其原因，是因为这种方式能给患者提供更安全、更舒适的环境，可以打消患者对适应新环境的各种顾虑。再就是家人根据残障人士及老年人自身特点制订康复方案，更有针对性，能够切实帮助他们树立康复信心，正确面对自身残疾。居家康复方案的实施能改善残疾人的生活质量和生存状况。

第一节　居家康复的优势分析

随着社会的发展，我国的老龄人口越来越多，他们是国家的重要关注对象。据相关机构统计，我国有 4%～6% 的老年人生活自理困难，并且需要医疗救助。经研究发现，目前的康复医疗机构远远不能满足人们的需要；另外，近年来我国慢性病发病率不断攀升，因慢性病致残的患者也日益增多，每年有大量病患急需医疗救助。

以北京为例，2018 年共有持证残障人士约 52 万人，在调查中发现，有 19.5 万人对康复有需求，需要大批具有执业资格的医生、康复治疗师上门为重度肢体残障人士提供功能评估、运动治疗、物理治疗、生活能力训练等服务。

尽管需求巨大，但因为我国康复医疗起步较晚，康复医疗机构和床位长期处于严重的供不应求状态。在这种情况下，居家康复就成了大家的必然选择。

很多患者的家距离康复医院或机构并不近，每天要往返于两地之间，每次出门至少需要一个家属陪同，每次出门做康复就像搬家一样，不但一起出行的人员众多，而且要大包小包，除此之外，有些甚至还需要挤地铁、公交，倘若遇到刮风下雨等恶劣天气更是苦不堪言。而居家康复就可以把这个难题完全解决掉，还能适当地减轻家庭的经济负担。另外，外出做康复的患者最害怕的就是交叉感染，而居家康复可以最大限度地降低患者被传染的概率。

之所以选择居家康复，除了方便以外，还有一个原因，那就是居家康复更注重人性化，懂得保护和尊重患者，不会让患者有"异样感"。另外，在康复中心治疗时，因为治疗师时间精力有限，一个治疗师要面对很多患者，所以就会产生诸多的不便，而居家康复则不同，在治疗时间内治疗师的全部精力都在一个患者身上，除了康复效果较好以外，患者所感受到的关注度也大不相同，这样会让患者更阳光、更自信。

居家康复还有一个优点就是家庭全员参与，治疗中充满亲情。居家康复不但能充分利用家中资源，而且还会让每一个家庭成员参与到患者的训练中。这样会让家中的气氛更和谐，患者也能感受到更多的家庭温暖。

第二节　居家康复训练方法

一、偏瘫常用的居家康复训练方法

偏瘫是常见的残疾之一，多数由脑卒中（俗称中风）、脑外伤所致，主要表现为肢体的瘫痪，可同时伴有语言、思维及记忆障碍等。

偏瘫的治疗除了必要的药物介入外，康复训练也是必要的。偏瘫常用的居家康复训练方法主要包括运动疗法、作业疗法、语言治疗、心理治疗、文体治疗、传统中医疗法等。

（一）运动疗法

运动疗法是通过运动来改善运动障碍的治疗方法，主要内容包括关节活动度训练、增强肌力训练、姿势矫正训练等。调查研究发现，脑血管病患者约有80%遗留有不同程度的运动障碍。在脑血管病患者卧床期，主要对其进行体位转换训练、起坐训练以减少压疮、关节挛缩等并发症的发生，同时为日后康复训练打好基础；在离床期应进行坐位训练、平衡训练、起立训练等以促使患者肢体功能得到改善；在步行期则主要以步行训练为主。

（二）作业疗法

作业疗法是运用有目的的、经过选择的作业活动来改善患者功能的方法，其目的是最大限度地提高患者的日常生活能力，提高其生活质量，是有利于患者回归家庭和社会的理想方法。它主要包括认知和知觉训练、工艺品的制作等。它和运动疗法的理论原则是相同的，所不同之处在于它将肢体需要做的运动设计成一项作业活动，比如利用陶艺制作来训练手指的灵活度，这不仅能激发患者的兴趣还能提高患者的生活能力。

（三）语言治疗

有 22%～32% 的偏瘫者伴有语言—言语障碍，因此，语言训练是必不可少的。语言训练人员应先根据患者的语言情况和病变部位诊断出障碍类型，然后运用不同的方法，通过听觉、视觉、触觉等多途径的刺激引发并强化患者的正确语言反应，在逐步进行的语言训练中，让语言功能恢复到正常的水平。

（四）心理治疗

身体的残疾和功能的异常常会使患者焦虑、抑郁，并且疾病本身也会造成记忆力、注意力及定向能力等变差。有效的心理治疗能提高患者的学习能力和主动性，主要方法为支持性心理治疗、理性情绪疗法和行为疗法等。心理治疗多数在心理咨询师的指导下进行，作为患者的家人也要积极配合心理咨询师，努力给患者创造最好的治疗环境。

（五）文体疗法

文体疗法是借助体育运动项目及娱乐项目对患者进行训练，使患者的身体机能得到改善、提高，并且可以改善其不良心理状态的一种方法。这对于提高身体运动素质，增强体质和创造良好的心理状态有着不可低估的作用。

（六）传统中医疗法

传统中医疗法用于治疗偏瘫有独特的功效，特别是针灸疗法。它在中国有数千年的历史，一直备受人们的推崇。

二、截瘫常用的居家康复训练方法

截瘫，又叫下肢不遂，俗称瘫枯，是由脊髓横贯性病变引起的以下半身运动功能丧失为主要临床表现的综合征。截瘫分为两种：一种是高位截瘫；另一种是双下肢截瘫。

截瘫常用的居家康复训练方法包括物理疗法、运动疗法、作业疗法、文体治疗、中医治疗等。

（一）物理疗法

徒手或借助器械，综合应用水疗、电疗、光疗等手段，提高全身各个关节的活动能力，提高残存肌力，增强肌肉耐力，使截瘫病人学会翻身、起坐和床与轮椅之间及轮椅和厕所之间的转移动作。

（二）运动治疗

①主动锻炼。每日早、中、晚进行，病人平卧，先做深呼吸运动，每次5～10分钟，促进肺扩张，这有利于肺部气体交换，同时还可锻炼腹肌，有利于促进肠蠕动。早期平卧可进行双上肢自由伸屈，活动肩、肘关节。3个月后脊柱恢复良好者可取半卧位，同时增加双上肢活动量，如进行举哑铃、拉簧等运动，同时可进行一些日常生活训练，如自己梳头、洗脸、穿衣、进餐，还可在床上放一小桌，进行一些手部训练，如练字、画画、制作手工艺品等。以上训练，可增强病人的自信心。

②被动锻炼。截瘫病人主要是双下肢功能障碍者，必须在他人帮助下进行锻炼。所以，家属应该帮助、指导病人进行科学正确的功能锻炼。活动下肢时可由远到近，由趾端、踝关节开始，活动前做一些必要的准备活动，避免他们受伤。如用温水浸泡和擦洗关节及肢体，促进血液循环，使肌腱和软组织软化，浸泡和擦洗完毕后再按摩肢体肌腱和肌肉，促使肌腱和肌肉松弛。踝关节可进行背屈、内收、外展等运动，膝关节可进行伸屈运动，髋关节先进行抬腿（屈髋）运动，再进行内收外展运动。以上锻炼每日2～3次，每次10～15分钟。病人坐起前，可指导病人自行按摩双膝双髋关节，用双手活动双下肢，还可在双脚上拴上系带，病人可自己拉着系带活动踝关节。

（三）作业治疗

根据患者的功能障碍特点，从日常生活、生产劳动或闲暇活动中有针对性地选取一些作业活动，对患者进行训练，提高患者的协调能力和精细动作能力，使患者掌握进食、穿衣、如厕等日常生活动作，并学会一些基本的职业技能，从而在出院后能适应个人生活、家庭生活、社会生活。

（四）文体治疗

选择患者力所能及的一些文娱体育活动进行功能恢复，如轮椅篮球、轮椅竞速等，一方面恢复其功能，另一方面使患者更积极乐观。文体活动的好处在于可提高运动能力和改善体质，使患者增强自信心。除此之外，参加文体活动可以使患者分散对自身残疾的注意，许多文体活动可以和健全人一起进行，对他们积极参与和重返社会十分有利。

（五）中医治疗

传统中医的针灸、按摩、中药离子导入等疗法，有助于截瘫病人残余肌力的恢复和大小便功能的改善。另外，中药对治疗截瘫并发症也有一定效果。

三、截瘫者自我康复护理法

（一）练坐

手术刀口和受创部位全部痊愈后，就要练习坐起来。首先由他人帮助坐起来，躺下；躺下，再坐起来。如此反复，每天两次，每次20个动作。在这期间，配合做如下动作，效果更好：将两条腿伸直，并用手扳住两只脚的脚趾，用力往自己的方向扳，感觉到臀部和腰上有绷紧的感觉为止，每次扳15次。

（二）练爬

先面朝下趴在床上，然后两臂支起，使身体成跪爬形，用胸腰部的力量带动臀部往后高抬腿，先抬左腿，再抬右腿。每次做15分钟。大约练1个月后，臀部就不乱晃了，再用上身带动腿往前爬。注意，锻炼时要在身下垫海绵，避免膝盖和尾骨及其他部位受伤。单人床上慎练前爬，最好是在地上铺上大海棉垫进行练习。

（三）练站

首先让患者一手搂住一个人的脖子，挪下床，再由两个人将其挪动到墙壁下，使患者背靠墙壁，然后分别伸出紧靠患者的那条腿抵住病人的胯部及大腿，使患者两条往前弓的腿在他人的帮助下站直，就这样坚持训练，经过半年左右，患者的双臂和腰部都会有力量，就在患者常站立的墙壁处分别埋两个丁字木桩，一高一矮，如左高右低，或相反；以患者能一手扶一手拉，感到舒适为佳，患者便可以借助一扶一拉的力量调整身体，使双腿站直。这样能锻炼腿部肌肉，促进全身的血液循环。注意：丁字木桩要结实，住楼房可用二寸铁管焊出扶手架，要稳固。

（四）解决小便

患者定时排尿时，用手指并拢推动肛门，一推一松，再推再松，直到不再尿。

69

坐着小便时可将卫生纸叠成6厘米左右的一沓，垫于小便处，湿了就扔掉再换；如果站着小便，可拿一细长的口径为8厘米以内的塑料瓶，在瓶口系一布带，放进一条裤筒内再将男性生殖器放进瓶口内，将布带系内衣下摆处，以生殖器既在瓶口内又不被卡住为准。若患者为女性，只能垫卫生巾或用纸尿裤，勤更换避免感染其他疾病。

（五）解决大便

靠在床头上，将双腿放在床里，将整个臀部都放在床的横向边缘之外，用手抓住床，使臀部尽量往地面靠，并做上下运动状，同时腾出手来推揉两肋下的肚腹侧面，这就很容易排便了。

（六）治褥疮

如果不慎发生褥疮，破后先用过氧化氢清洗，然后全身或局部使用抗生素。注意：生褥疮的部位千万不要再压着了，防压的措施是用棉布缝制一个与褥子一般宽的布袋，中间挖出一个直径18厘米的圆洞，翻身时将褥疮处放进去，就可以了。

第七章 残障人士心理康复

大多数人认为只要照顾好残障人士的生活起居,保障他们的安全,在衣、食、住、行方面做好后勤保障就足够了。其实不然,残障人士除了需要上述的照顾外,内心还渴望得到人们的关心和理解。通俗地说,就是伤残康复和心理康复他们都需要,心理问题是隐匿的,如果不细致观察,敏锐感知,是很难被察觉到的。

如果只关注残疾人生理方面的康复,而不顾及心理康复问题,那是不全面的,也是不符合全面康复原则的。

第一节 正确对待残障人士

开篇先问大家几个问题:你真的了解残障人士吗?你见过他们无助时的状态吗?你知道他们独自一人时的感受吗?你见过他们牵强面对生活中一个个困难时的坚毅神情吗?如果答案是模棱两可的,那么,你真的不够了解残障人士。

残障人士因身体残疾,他们在承受病痛折磨的同时,还要承受精神上巨大的压力,这些无形中都给他们带来了心理负担,于是他们害怕孤独、惧怕伤害、异常敏感、脾气暴躁……这导致他们难以拥有稳定的人际关系,难以与他人沟通,寻找工作时总感到力不从心。不仅如此,他们还需要面对他人对他们的"区别对待",从而更加重了心理负担。

下面笔者综合哥哥的经历,给大家谈谈我们应如何对待残障人士。

第一,残障人士即使是完成生活中看似非常简单的事情,我们也要给他足够的赞扬和肯定,让他更加自信地去学习和生活。适时的赞扬和肯定,对于普通人来说再平常不过,但对他们来说,是前进中巨大的动力。另外,切记不要时时刻刻对他们报以同情和怜悯之心,因为这些看似是关怀,实则是对他们的巨大伤害，会让他们感到更加难堪和自卑。如果你真的爱他们，那么，把他们当成和自己一样的人，千万不要给他们贴任何标签。

第二，对待残障人士要有耐心。残障人士往往难以维持正常的人际关系。由于身体或精神上的残疾，他们无法越过自己心中的那道鸿沟，很容易把自己封闭起来，不敢接受新的挑战。比如，哥哥在过去的一段时间里，他只愿意和认识的人说话，谈论的话题也是极其相似的，他把自己的交际圈缩小，把自己封闭在一个角落里，不愿意走出"舒适区"，不愿意去结交新的朋友。这种思维模式让他在过去的很长一段时间内都无法理性地思考问题，这也给我们的家庭带来了非常大的困扰。笔者和家人通过查阅大量书籍、咨询众多心理医生后找到了解决办法，那就是慢慢对哥哥进行温暖的爱的抚慰，引导他慢慢改变。所以说，作为家人不要动不动就发脾气、牢骚满腹，一定要有耐心，持之以恒地去引导他们。

第三，要尊重残障人士，不能嘲笑他们。作为社会人的所有人，都不希望自己被嘲笑。但是，残障人士时常被人嘲笑，时常被人欺负，尤其是调皮的孩子。例如，哥哥坐着轮椅上下电梯时，时常会被一些淘气的孩子嘲笑，嘲笑他不能像正常人一样走路。也许，孩子本身并没有恶意，但这些话会像一根根针一样刺进哥哥心里，会造成比他身体上的残疾更加严重的伤害。有过几次这样的经历后，哥哥一度不愿意接触除家人以外的人。

第四，不要一直盯着残障人士看。任何人都不喜欢被人盯着看，那种被当作怪物或外星人一样的感觉，会导致人心情抑郁。劝诫大家不要对残障人士这样做，如果你做不到完全用正常心态去面对，最起码要尽最大可能去尝试一下。

第二节　视力残障对个体的影响

一、视力残障对个体感觉的影响

健全人主要通过视觉、听觉、触觉、嗅觉、运动觉等途径感知外界的刺激。人类80%的信息是通过视觉途径获取的。换句话说，视觉途径是健全人感知外界的一个非常重要的途径。视觉感知具有范围广、速度快、距离远且较全面等优势。

盲人由于看不见，因此不会受视觉信息的干扰，听觉功能有所增强。俗话说"盲人的耳朵特别灵"，实际上并不是他们的听力比健全人好，而是由于视觉存在障碍，所以他们就更加注意获取听觉信息，听觉便代替了视觉的一部分功能，因而形成较高的听觉注意力。视觉残障人士的听觉在某种程度上补偿了视觉缺陷，同时这也就促进了听觉功能的提高。

由于视觉残障人士主动积极地利用双手，他们的触觉比普通人更灵敏。视觉残障人士通常依靠触觉分辨物体的不同属性（如大小、形状、结构、温度、光滑度、硬度、重量、比例、距离、方向等）。视觉残障人士主要依靠听觉、触觉、嗅觉、运动觉等，认识物体的空间关系和自己在空间的位置，形成空间知觉并指导自己的定向运动。有些视觉残障人士虽然看不见，但在行走中遇到障碍物能主动地回避绕开，好像看见了一样，人们将这种能远距离感知障碍的"奇怪"现象称为"障碍觉"，这是一种对回声的辨别技巧。

二、视力残障对个体注意力的影响

一般对明眼人而言，当对方的衣着、服饰、神态等发生变化时，自己的注意力就会受到干扰，而视觉残障人士由于不受视觉方面的刺激，所以仍旧能够做到凝神定气地"洗耳恭听"，注意力不会受到影响。

三、视力残障对个体记忆的影响

先天盲的视觉残障人士完全没有视觉表象，他们对颜色、明暗等没有概念；后天盲的视觉残障人士失明前虽获得了一些视觉表象，但因得不到强化会逐渐弱化甚至消失。有残余视力的视觉残障人士，可获得一定程度的视觉表象。视觉残障人士一般以听觉记忆和触觉记忆为主。在识记方法上，视觉残障人士机械识记的能力较强，短时记忆的广度常优于同龄健全人，并且依靠敏锐的触觉能够分辨和熟记各种常用物品的特征。

四、视力残障对个体个性心理的影响

目盲不仅会影响视觉残障人士的认知发展，同时还会直接或间接地影响他们的个性、人格的形成和发展。视觉残障人士自身对目盲的接纳程度是影响其人格形成的内部因素。参加残奥会的盲人运动员应该说都是生活的强者，他们能够理智地认识和对待自己的残疾，在体育运动中能够发挥自己的特长，赢得荣誉。视觉残障人士如果不能正确对待自己的缺陷，因残疾而封闭自我，主观上不积极地与人交往，这种生活方式，将会制约其健康人格的形成。

第三节 残障人士的个性特征

一、肢体残障人士的个性特征

肢体残障人士在感知、注意、记忆、思维等认知过程方面与常人并无明显的区别，但本身形体的损伤，某些能力的丧失和随之而来的社会角色、经济收入等的改变，以及社会上某些不公正的态度，使得肢体残障人士在个性特征方面存在着不同于健全人的特点。这些特点主要通过独立性与依赖性呈现出来。并且这些特点由于残疾的程度不同、残疾发生的时间不同以及残障人士生活的环境不同而有所差异。

对于一个肢体有残疾但心智健全的人来说，他也希望拥有与健全人同等的权利，希望和健全人一样被社会所承认，也希望为社会做出积极的贡献。他们往往喜欢独立地观察、认识、判断事物，独立地思考和行动。他们渴望独立地安排自己的学习和生活，喜欢积极参与各种社会活动，喜欢与同龄人或者同类型的人，聚在一起探讨问题、交流思想、探索人生的奥秘；他们更喜欢自己动手解决问题，而不借助外力；不喜欢别人过多地指责、干扰和控制他们的言行。但是由于行动困难，以及由此而带来的经济不能独立等问题，他们不得不依赖别人的帮助，与此同时他们又极不愿意让人们看到他们的这种依赖性。这就是独立性和依赖性这对矛盾在他们身上的体现。由此他们形成了倔强而敏感的个性特征体现。

另外，肢体残障人士还极易产生自卑感。肢体上的残疾，给他们的学习、生活和工作带来了巨大困难。在这样的困难面前，有些残障人士对外界刺激异常敏感，加上经常遭受挫折、被人取笑，容易产生自卑感。

自卑感一旦形成，就会影响他们的学习、工作和人际交往。自卑感强烈的人，遇事往往怀疑自己的能力、经验和才华，稍遇困难就打退堂鼓，对那些本来稍加努力即可完成的任务也往往认为无法办到。具有自卑感的人精神活动往往会受到严重的束缚，聪明才智和创造能力的发挥也往往受到限制。肢体残障人士若有强烈的自卑感，则会抑郁甚至有轻生的可能。因此，肢体残障人士一定要克服自卑感，增强自信心。要想克服自卑感，必须找到自卑感的起因，因为什么产生的自卑感，找到原因才能对症下药。自卑感，作为人的一种情绪意识，并非无缘无故凭空出现的。它是人脑对客观现实的反映，是建立在这种反映上的一种消极的主观体验，自卑感是由一些原因引发的，比如自己的身高不如别人、身体有残疾等。自卑感产生和形成的原因虽较为复杂，但通常认为，它是在家庭影响、学校教育、社会要求和评价，以及个人的生理、心理等许多因素的共同作用下产生和形成的。自卑感产生的关键在于社会的评价，一种不正确的社会评价若被个人所在意，就会像催化剂一样迅速使其形成巨大的心理压力，并产生不正确的自我评价，进而贬损、低估自己的能力、素质，破坏自信心。这种错误的自我评价一旦形成，就会加重个人心理上的负担，又会进一步强化自卑的心理，毁掉自信心，泯灭主动性、进取心以及创造精神，给人带来巨大的危害，甚至会导致个人自杀。因此，避免对残障人士进行不正确的评价、不正确的比较，是使其消除自卑感的重要前提。

二、听觉障碍人士的个性特征

听觉障碍人士靠手势语言和别人进行交流，并且靠视觉器官获得信息，因此视觉敏感，形象思维非常发达。

听力残障人士并没有明显不同于普通人的独特的"聋人个性"。个性是个体社会化的结果。它在一定的社会关系中形成、发展起来，又在一定的社会关系中表现出来。听力丧失并不能从本质上改变人的社会关系，只能说耳聋和由耳聋引起的语言障碍，会给他们的某些个性特征的形成带来一定的影响，从而使个性特征的某些方面显示出一定程度的带有普遍性的特点。尽管如此，那些在听力残障人士中比较普遍的个性特征也不是他们所独有的。例如，国外有的学者认为：聋童因为不会说话，精神苦闷，而这种苦闷又无从发泄，所以待人常常不礼貌。因其缺乏判断力，如发觉有人在说笑，便会猜疑是在讥笑自己，而常会伴有暴躁行为。如果这样就假定"暴躁"是聋人的一种较普遍的个性特征，那么正常人的"暴躁"行为就无法解释，故不能认为它是聋人所特有的个性特征。

日本的大桥正夫在他的《教育心理学》一书中写道："聋儿在思想交流上有困难，社会经验不足。因此，他们的个性特征表现为畏首畏尾、过分盲从等。"

我国一些从事聋儿教育的人员，从各自接触到的聋儿的实际表现中，概括出了一些聋儿的个性特点，如孤僻、自高自大或自卑、急躁、猜疑心强、自私等。

总之，不同的残障人士有不一样的个性特征，生活上面临不同的困难。但是残障人士是一个群体，他们往往都面对着相似的问题。

第四节　残障人士的共同心理及其心理调节

一、残障人士的共同心理

（一）孤独感

孤独感是残疾朋友普遍存在的情感体验，由于生理和心理方面的某些缺陷，残疾朋友的行动受到不同程度的限制，在生活中极易遇到挫折。再加上在许多场合又经常受歧视，久而久之就会远离社会，接触的人越来越少，孤独感自然就越来越强烈。

（二）敏感和自尊心强

在中国，自入学那一刻起，家长及老师的注意力都集中在孩子的缺点上，表扬不多、批评倒不少，所以敏感、自尊心强是中国人的共同特点。残疾朋友因自身有残疾，再加上中国传统教育的影响，就会更加敏感，人一敏感，自尊心自然就强。

（三）焦虑和抑郁

后天致残的朋友一般很难接受残疾的现实，几乎都会产生不同程度的焦虑或抑郁情绪。这是非常正常的现象。如果条件允许，在致残的一开始就要对其进行心理疏导，以避免后期产生焦虑和抑郁情绪。

（四）悲观失落

残疾朋友的自卑感很强，自卑心理主要以消极情绪为主，自卑感很强的人压力也比一般人大。人体内部有自主神经系统和副交感神经两大系统。自主神经系统就像油门，让人处于积极状态，而副交感神经就像刹车器，让人处于消极状态。在生活中，如果情绪积极，就像驾驶汽车时踩着油门，能够快速到达幸福的目的地，容易找到幸福感；如是情绪消极，就如二步三步一刹车，还有什么愉快和幸福感可言呢？所以自卑、压力、挫折感就像亲兄弟一样亲密，残疾朋友有悲观失落的心理也就是顺理成章了。

（五）富有同情心

残疾朋友在生活中是非常富有同情心的。残疾朋友由于自身患有残疾，内心时常感到无助，希望得到更多人的关注和帮助，在这样的心理状态下，从心理学的角度来说他就容易在相类似的人身上产生移情和投射，也就是说潜意识里在对方身上看到了自己，同情对方实际上就是在理解和同情自己。

二、残障人士的心理调节

（一）心理调节的意义

现代研究表明，由于特殊的生理条件，残障人士可能比正常人更加敏感，更加容易产生心理压力，因此，他们也更加需要得到专业人士的帮助和指导。目前，随着中国残障人士事业的不断发展，残障人士心理调节工作已经成为各级残障人士组织、各医疗机构的工作重点。在政府、残障人士组织和各界人士的共同努力下，心理调节工作正在一些经济比较发达的城市逐步展开，一些大中城市的残障人士组织先后开办了残障人士心理咨询机构，为当地的残疾患者提供心理咨询服务。

心理调节是运用系统的心理学理论与方法，从生物—心理—社会角度出发，对患者进行心理干预，以提高残疾患者的心理健康水平。心理调节对于帮助残障人士恢复身体功能、克服心理障碍，以健康的心理状态充分地参与社会生活具有十分重要的意义。

（二）心理调节的重要性

人和动物不同，既有维持生命的生理活动，又有一系列的心理活动。伤残致使生理活动受限，必然会相应地影响其心理活动，严重者还会影响其社会功能。不论何种残疾，即使终生不可恢复，只要给予充分的心理调节，在一定程度上恢复其社会功能就可代偿部分受损的生理功能，使残障人士残而不废，成为对社会有用的一员。因此，残障人士的心理调节问题，是残障人士和其亲属以及全社会都应关心的问题尤为重要。

（三）残障人士如何进行心理调节

心理调节需要系统的理论与方法，对残障人士实施心理调节主要有以下几个方面。

1. 建立心理调节的系统

①建立个体心理调节的机制。心理调节的过程是让残疾者建立个体心理调节机制的过程。即让残障人士通过接受系统的心理干预，逐渐适应生活、学习、家庭或者工作等方面发生的变化，勇于各种困难，并在此基础上形成一种积极

的心理调节机制，以应付可能出现的各种心理问题，保持心理的健康。

②建立有关人员（同事或家属等）协助支持系统。残障人士生活在一定的群体之中，相关人员的态度对于其心理状态有着重要的影响，特别是家属、同事等这样一些与其联系比较密切的人员的态度对于他们心理状态的调节有十分重要的影响，因此，对残障人士的心理调节不仅要重视患者本身的心理及其变化，也要重视对这些人员的心理辅导工作，帮助他们减轻心理压力，从而为残障人士的心理调节创造一种良好的氛围。

③建立专家协助支持机制。心理调节是一个长期的调节过程，残障人士在这个过程中要接受专家的指导与帮助，逐渐摆脱消极心理的影响，建立起积极的人生目标。心理医生是接受过专门训练的人员，他们掌握着心理咨询与治疗的理论与方法，拥有从事心理治疗的技能与临床经验，并且有极为敏感的观察力与极强的分析问题与解决问题的能力。心理治疗不同于其他临床治疗，有其特殊的一面，只有经过专门训练的人员才能从事此项工作。

④建立社区辅助支持系统。康复过程常常是伴随残障人士一生的过程，当残障人士回到家庭与社会后，社区辅助系统的支持就显得非常重要了，要发挥社区中有关医务人员与相关人员的作用，在残障人士出现心理问题的时候，随时给予必要的支持与帮助，从而能够更好地为残疾者的心理康复提供保障。

2. 运用心理治疗方法

心理治疗是心理医生运用心理学的原则与方法，治疗患者的各种心理困扰，包括情绪、认知与行为等问题，以帮助患者克服所面对的心理障碍，减少焦虑、抑郁、恐慌等精神症状，改善患者的非适应社会的行为，使其建立良好的人际关系，较好地面对人生，面对生活和很好地适应社会。下面仅从简单的角度去说一些实用的心理治疗方法。

①解除神秘感。几乎所有的残障人士都认为"自己的问题非同小可"，所以自己的病只有"高不可测的医生"才能治疗好，一般来说，这想法本身就是"阻抗或自恋的表现"。对于这样的残障人士，首先要做的并不是什么治疗，而是打破神秘感。其实打破神秘感的最好办法，就是真实地与残障人士交流。

②健康的行为带来健康的心理。一个人只要他做的事情创造了价值，那么他就有成就感。一个人不管觉得自己有多高尚，嘴里念叨着"阿弥陀佛"，只要行窃，那么他就是坏人，他就会心惶惶。这段话意为，作为残障人士要明白，不要谴责自己，不要谴责社会抛弃了自己，应学会融入这个社会，尽可能地去做一些事，只要这些事创造了价值，那么就会有成就感。

　　在笔者看来，残障人士大部分的心理问题源于家庭和社会的压力。在早期社会，患有残疾的孩子在出生时就被藏起来，有的甚至被杀害。随着社会的发展，尽管人们对残障人士的接受程度不断提高，但残疾还是被看作个人及家庭不幸的悲剧。即使是非常成功的人，比如富兰克林·罗斯福，他也尝试着去掩藏自己身上的残疾。

　　现在，许多残障人士慈善组织通过展示残障孩子的悲惨生活来获得资助。"残疾"这个名词似乎从始至终都是弱势、无助、悲惨的象征。然而事实并非如此。世界著名物理学家史蒂芬·霍金的名字家喻户晓，他在物理学上的探索为人类科学史做出了卓越贡献；中国著名作家史铁生，用"残缺的身体，说出了最为健全而丰满的理想"，是中国当代最令人敬佩的作家之一；残奥会上努力拼搏的运动员，更是用超乎常人的意志，谱写着人类生命之光。

　　是的，我们必须承认，无论是身体还是精神上，残障人士面临着非常大的挑战。但是他们每一个人，都和我们一模一样，有着相同的思维、兴趣以及理想；渴望拥有朋友、家人的陪伴；渴望去体验甜美的爱情；希望在生命的每一刻都活出自己的价值。他们只是身体的一部分不能正常工作，我们不能因此否定他们，歧视他们，看不起他们。

　　想要改善残障人士的心理状况，只靠对残障人士的心理疏导是远远不够的，还需要整个社会的共同努力，人们不再对"残疾"这个词有着理所当然的刻板印象，社会的每一个人都能尊重、理解残障人士，真正的改变才会出现。

第八章　居家护理方案

居家护理是指在家庭环境中为需要照顾的患者，提供护理服务，以达到促进健康及预防疾病的目的，使患者更快地恢复。对于残障人士的"居家护理"工作主要是以家庭为依托进行的康复护理、心理疏导等一系列的工作。

在家庭中无论是家庭成员还是专业护理人员，都应该帮助残障人士树立康复信心并保持健康的心态，让他们正确面对自身的残疾并努力提高残障人士的生活质量，让他们健康愉快地生活。

作为家人我们要秉承"以人为本"的理念，时时让残障人士体会到温暖和温馨。居家护理对于残障人士及老年人而言，当然要比去康复中心更好一些。

我们要结合残障人士的身体状况及其具体需求，给他们提供相应正确科学的心理疏导，为其配置辅助器具，帮助残障者恢复健康。也可以在患者病情允许的情况下，指导残障人士利用家中可以利用的物品，比如梯子、椅子、床等器具，进行康复训练。在训练时，还要充分调动残障人士的积极性，当他们沮丧时，及时地给以鼓励，让其重塑信心。康复训练应力求从易到难，从简到繁，从少到多，循序渐进地对患者进行康复训练。

当患者进行一段时间的康复训练后，我们要及时对患者的康复训练进行评定，其目的是评定康复训练是否有效，通过评定，我们可以充分了解训练项目是否有效，患者是否需要其他康复器具，如阶梯、沙袋、滑轮拉力器、上下肢活动器、站立训练器、助行器、手杖、腋杖、轮椅、椅子等。

本章主要探讨重度残障人士及老年人的护理方法。

第一节　重度残障人士护理方法

一、皮肤护理

重度残障人士的皮肤护理工作是很重要的一项护理工作，稍有不慎就会引起其他疾病，甚至威胁到生命。重度残障人士非常容易患褥疮，如何防治褥疮，笔者在实际生活中总结了几点：预防褥疮的方法是避免局部长期受压迫，护理人员要定时为患者翻身，最好每 2 小时至 3 小时翻身一次，最好定个闹铃以防忘记；同时护理人员要经常按摩患者的受压部位，确保受压部位干燥，必要时用气垫或海绵垫把受压部位垫起，市面上的防褥疮垫也是很好的选择；在搬动病人时动作要轻，避免推拉扯病人，同时还要经常更换床单，保持床单清洁、平整、干燥，排便后要及时清除大小便，并用温水擦洗，必要时可以涂上防褥疮的油。

二、肠道护理

重度残障患者或者瘫痪病人由于长期卧床，肠蠕动慢，再加上腹肌无力，排便自然就会困难，很多瘫痪病人都有便秘的现象。大便干燥、秘结会直接影响患者的食欲，甚至引起痔疮以及其他疾病，患有高血压、脑动脉硬化的慢性病患者一旦排便用力，会引起脑出血，甚至会有生命危险等。因此保证患者大便通畅也是很有必要的。必须保证患者 1～3 天大便 1 次，平时可给患者吃一些水果和容易消化的食物。如果发现患者有大便干结等现象，可使用润肠药物，如石蜡油、双醋酚酊、果导、中药麻仁滋脾丸等药物。每晚少量用药，按医生嘱咐吃药，不要超量，若用药量较大会引起腹泻，或造成其他肠道问题。如服药无效可以用皂水低压灌肠。如灌肠仍不能解大便时，可戴橡皮手套后用手指将大便掏出，避免发生肠梗阻，威胁患者生命。

三、心理护理

对重度残障人士进行心理护理的常用方法有说理疏导法、暗示疗法、认知疗法、疏泄疗法、松弛疗法、药物疗法等。不可逆的残疾会给病人造成不可弥补的心灵创伤，严重影响病人的心理状态，从而导致他们丧失信心，不再配合医生或者康复人员的护理工作。此时，无论是家庭护理人员还是专业护理人员应以高度的同情心鼓励病人，从转变病人的认知方面下功夫，做到动之以情、晓之以理，耐心细致地劝说，让患者积极行动起来，只有心态摆正，才能使认知迅速转化为行为。

四、其他注意事项

对于重度残障人士来说他们肢体活动受限，血流速度缓慢，这就会导致很多疾病的发生。饮食调整对于他们尤为重要：饮食应清淡，以高维生素、高蛋白、高热量、低脂为主，合理搭配。要帮助患者多运动，不管是主动的还是被动的运动都可以帮助患者增强抵抗力。

作为护理人员还要随时关注病人的大小便，如果病人大小便不能自理一定要穿成人尿布并及时更换。要勤帮病人擦身以及翻身，还要局部涂抹润滑油，以防患者皮肤发生溃烂或者皲裂等现象。

肢体残疾病人瘫痪在床还可能会发生肺部感染，肺部感染的人，有效通气受阻，呼吸道分泌物不能及时排出，要多更换体位、翻身、拍背，协助患者排痰，必要时可以用吸痰器，平时饮食也要注意。

第二节　老年人护理

一、老年人护理要点

老年人能否长寿，与基础护理的优劣有很大的关系。有一部分老年人最终夺去他们生命的不是原发病，而是由护理知识缺乏、护理不当所引起的并发症，可见基础护理是多么重要。如今，许多子女因为工作较忙，没有时间亲自去照顾父母，所以会为父母请保姆或者专业护理人员，他们有的有照顾老年人的经验，有的会缺乏经验。只有了解老年人的身体状况，才能及时应对其身体上产生的不适，做出正确的处理。无论是子女还是专业的家庭护理员，在护理老年人的时候都要注意以下几点。

①创造良好的休息环境。老年人随着年龄的增长，身体机能逐渐下降。老年人身体素质较差，免疫力较差，容易引起很多疾病，所以在护理过程中要注意周围环境是否适宜老年人生活。有老年人的家庭室内温度以 18 摄氏度至 20 摄氏度为宜，这样的温度有利于老年人的生活，同时还要注意老年人卧室的采光问题。另外，护理人员每天都要开窗通风，使空气流通，这有利于老年人的身体健康，每次通风不应少于 30 分钟。身体较弱的老年人，通风时可暂到其

他房间，避免受凉感冒。

②对老年人的日常使用器具定时消毒。老年人的身体免疫力也相对较差，所以对于他们的日常使用器具要注意按时消毒，不然很有可能感染细菌、病毒导致其他并发症。消毒的方法有很多，通常使用的是日晒法、煮沸法、浸泡法、擦拭法等方法。另外，对于特殊的物品要用科学的手段销毁，比如对于老年人的呕吐物、排泄物，可撒一倍的石灰搅拌，2 小时后再倒入厕所；对于有肺结核病的老年人，可让其将痰吐在纸盒内，然后烧掉处理。对于有传染疾病的老年人一定要严格地护理，避免家人或者他人感染。另外还要注意，老年人的碗筷、口杯、用具等要专人专用，分开洗刷，消毒后单独放置。

③辅助老年人进行适量的运动。适量的运动不仅能增强老年人的身体素质，提高免疫力，同时也能让老年人心情愉悦，有利于老年人身体和心理的健康。无论是护理人员还是子女，都应该积极协助老年人进行适当的运动。运动的方式要得当，运动量不宜过大，时间不宜过长。老年人早晨起床时可以先让其躺在床上，不要着急下床，在床上伸展一下四肢，双手互相揉搓，活动指关节，然后平躺进行"干洗脸"动作 20 ～ 30 次。整个活动在 5 ～ 10 分钟，这些简单的运动可以让老年人的身体慢慢被唤醒，让身体有一个适应过程，从而避免因突然起床而摔倒。有条件的老年人可在睡前洗个盆浴，在洗澡的时候，避免门锁死以防意外发生。洗热水澡有很多益处，如能使全身的血管扩张，肌肉松弛等。身体不便或无盆浴条件的老年人，用温热水泡脚，对保持健康和促进睡眠也是十分有益的。古语常说，"晨间三百步，晚上一盆汤"，"晚上一盆汤"就是说晚上要泡脚，可见泡脚对老年人的健康很重要。

二、善待古怪的老年人及老年人的心理需求

（一）善待古怪的老年人

生活中常有这样一些老年人：在到达一定年龄段或生活中发生了某种变故之后，他们的脾气和行事的方法变得"古怪"起来，有的脾气暴躁、性情孤僻；有的则终日念念叨叨，指责晚辈，爱替小辈们瞎操心。部分做晚辈的不明白老年人为何突然会这般"讨厌"，忍无可忍时，便喜欢跟老年人顶撞怄气，甚至在人前驳老年人的面子，这些做法都是不对的，都不利于老年人的身心健康。

老年人开始变得"古怪"，这并不是他们要存心招人讨厌，也不是就看你不顺眼，这主要是由老年人特定的生理和心理因素造成的。很多更年期综合征

治疗不好，就会导致很严重的后果，大多数老年人都有这样的感受。人至暮年，机体各部分都开始明显地呈现出老化的迹象，有些老年人还不得不终日忍受着病痛，他们的脾气难免会变得暴躁一些。如果老年人看到和自己相处了几十年的同事、友人辞世，也不禁会想起自己在人世间的日子已十分有限，难免会有伤心的感觉，这时再看到儿女在生活上尚不能自立，或比较幼稚的一面，当然也就会替他们感到着急和担忧。膝下的儿女在这种情况下如果不能关心和体谅老年人，反而对其有所嫌弃，就会使老年人更加伤心。

对于"古怪"的老年人，晚辈不仅要在生活上给予无微不至的关照，在心理和情感上也要给予必要的抚慰。要陪老年人多拉家常，多散心，并要注意多尊敬老年人，千万不可随意批评和顶撞。为了养育儿女，父母的一生经历了数不清的艰辛，当他们人至暮年时，别说所表现出来的"古怪"是情有可原的，就是确有无理取闹、耍小孩子脾气之处，做晚辈的也应多加忍让，而不可在老年人面前造次。

（二）老年人的心理需求

老年人的心理需求有以下几种。

①健康需求。这是老年人最重要的一种需求。人到老年，常有恐老、怕病、惧死的心理，这是老年人正常的心态。

②工作需求。一些退休的老年人大多尚有工作能力，骤然间离开工作岗位肯定会产生许多想法，希望再次从事工作，体现自身价值，这个时候老年人可以发展一些自己的兴趣爱好，转移注意力。

③依存需求。人到老年，精力、体力、脑力都有所下降，有的生活不能完全自理，需要依靠子女，希望得到子女的关心照顾。子女的孝顺，将会使他们感到老有所依，能够满足他们的依存需求。

④和睦需求。老年人都希望自己有个和睦的家庭，不管家庭经济条件如何，只要全家和睦，邻里关系融洽，互敬互爱，互相帮助，老年人就会感到温暖和幸福。家庭和睦是老年人特别喜欢的，如果子女整天吵架，夫妻整天冷言冷语，老年人的和睦需求就无法满足。

⑤安静需求。老年人一般都喜欢安静,怕吵怕乱。有些老年人就怕过星期天，这一天子女、儿孙都来了，乱哄哄地度过一天，对老年人来说，这样的星期天是"苦恼的星期天"，不过也要看看老年人，对于喜欢安静的老年人就多给他一些安静的时间，对于喜欢热闹的就要常回去探望。

⑥支配需求。老年人原来多为一家之主，掌握家中的支配权。但由于年老后经济状况发生变化，老年人的家庭地位有所下降。此时，作为子女，可以让父母拥有一些支配权，一些事情和老年人一起商量，让老年人有参与感。

⑦尊敬需求。老年人离开工作岗位可能会情绪低落，如果得不到尊重，就会产生悲观情绪，甚至不愿出门，长期下去，则会引起抑郁，为疾病埋下祸根，这个时候作为子女的我们，就应多陪伴老年人，多尊重老年人。

⑧求偶需求。老年人丧偶后生活寂寞，子女照顾也非长久之计，所以子女应该支持老年人的求偶需求。

三、老年人常见症状、疾病的护理

（一）老年人腹泻莫禁食

老年人消化功能弱，抵抗力低，夏秋容易患肠道疾病而引起腹泻，如急性肠炎、急性细菌性痢疾。传统观点认为，腹泻时肠粘膜充血、水肿甚至会发生溃疡，应让肠"空"，休息 1～2 天，此时可快速减轻胃肠负担。事实上，从医学角度来看，这种理解是错误的。人在腹泻的时候，会流失大量的水分和无机盐。营养不良在老年人中更为常见。临床统计显示，60 岁以上老年人中约有20% 的老年人患有营养不良。大约40% 的 70 岁以上的人患有某种形式的贫血。营养不良的人体内没有足够的糖、蛋白质、脂肪转化为葡萄糖来维持血糖水平，会出现出汗、心悸、乏力、头晕、面色苍白、晕厥等一系列低血糖症状，此时若再让老年人禁食，严重的会引起心脑血管疾病，甚至会危及生命。此外，腹泻期间禁食还可导致体内营养素缺乏，延缓肠道病变的修复，从而减少营养素的吸收和利用，形成恶性循环。

因此，腹泻时不但不能禁食，还应适当补充一些营养丰富且易消化的食物，如莲藕粉、蛋清、豆浆、细面、豆腐脑、莲子粥、小米粥，应少食多餐，慢慢咀嚼吞咽。老年人腹泻常有不同程度的脱水，因此，还应鼓励患者多喝淡盐水、菜汤、米汤等，以补充流失的水分和无机盐，保持体内酸碱平衡，促进早日康复。

（二）谨防老年人冬夜抽筋

一些体弱的老年人小腿常在夜里抽筋，疼痛难忍，有时一夜抽好几次，导致夜不能眠。

医学研究认为，夜间小腿抽筋一般是人体血清钙离子浓度下降，使神经和肌肉兴奋所致的。而寒冷刺激、长时间下肢弯曲、突然伸腿等，往往又是诱发小腿抽筋的外因。老年人应该每天补充一定的钙和维生素，食疗的方法如下。

膳食要注意选用含钙量高而又有益于营养平衡的新鲜食品，如奶类（在临睡前喝一杯牛奶有明显疗效）、豆制品或虾皮、麻酱、海带等。也可以在食品中适量添加骨钙粉、碳酸氢钙等。还可以在医生的指导下服用葡萄糖酸钙片、钙素母、乳酸钙等含钙药物。注意多吃一些含维生素 D 的食品。

在寒冷的季节，衣服不能穿得太少，被子要保暖，不能让腿部受凉，睡醒时伸腿动作不要太快太猛。

（三）高血压的护理

高血压是老年人的常见病之一。

高血压的临床表现有以下两种类型。第一种是进展缓慢型。病情进展缓慢，早期表现为头痛、头晕、失眠、心悸等，后期表现为左心衰、肾功能不全等。第二种是急症型。病情进展迅速，舒张压持续超过 17.3kPa（130mmHg），伴有脑、心、肾或血管功能障碍，常因肾功能衰竭而死亡。

高血压病人的护理要点如下。①注意休息。根据病情，注意劳逸结合，保证睡眠，避免过度紧张和疲劳，适当活动，心、脑、肾功能紊乱的患者必须卧床休息。②注意饮食，限制钠摄入量为每天 5 克，多吃含维生素的蔬菜和水果，肥胖的人应该节食。③注意心理健康。了解患者的思想，使他们正确认识高血压，从而消除顾虑，增强自我控制能力。④按照医生的建议服用降压药。注意观察病情，如有剧烈头痛、呕吐、视力模糊、心悸、气短等现象及时到医院治疗，每天测量一到两次血压以了解病情。⑤观察服药后的不良反应。同时，应适当进行锻炼，如打太极拳、练气功等。

（四）冠心病的护理

冠心病是指由冠状动脉粥样硬化引起的心肌缺血、缺氧，它是一种心脏病，常由疲劳、情绪激动、感冒、饱餐、吸烟诱发。

心肌梗死是由持续严重的心肌缺血缺氧引起的心肌坏死。典型表现为疼痛性心绞痛，剧烈持久，长达数小时以上；含服硝酸甘油无效；常伴有休克、心力衰竭及各种心律失常；有时也伴有腹胀。

对此类心脏病患者的护理应注意以下几点。

①注意休息，避免过度劳累，根据病情可适当活动，以促进心脏侧支循环，建立和改善储备功能。心肌梗死患者第一周必须卧床休息，第二周可自行在床上活动，第三周无并发症后在护理人员的帮助下可在室内缓慢行走。

②合理饮食。食用低动物脂肪、低胆固醇、低盐、低热量和富含蛋白质的食物，应少吃，不宜过饱；戒酒，不吃刺激性食物。同时还应保持排便通畅：避免排便用力，以防腹压急剧上升，影响心功能。

③观察病情。观察心绞痛的频率和程度，观察是否有休克、心律失常、心力衰竭及其他并发症，观察是否有不良反应。按医生的指示服药并坚持服用。患者应随身携带医疗箱，按医生要求定期就诊。

（五）慢性支气管炎的护理

慢性支气管炎是指气管、支气管粘膜及其周围组织的慢性非特异性炎症。临床表现为咳嗽、咳痰、喘息。这通常是一个反复发作的过程。严重者可并发阻塞性肺气肿、肺心病和呼吸衰竭。

慢性支气管炎患者发病时，呼吸困难，应卧床休息。该患者的房间应该暖和，空气不应该干燥。慢性支气管炎患者应食用高蛋白、高热量、易消化的饮食，以补充体力，同时保证饮水充足。

呼吸困难者采用半卧位吸氧。观察并发症，如自发性肺心病和呼吸衰竭。根据医生的建议使用祛痰止咳药和抗生素。指导肺气肿患者练习腹式呼吸。

（六）糖尿病的护理

糖尿病是指胰岛素相对或绝对缺乏引起的内分泌疾病。原因不明，可能与遗传和自身免疫有关。有多食、多饮、多尿、消瘦乏力（三多一少）及血糖升高等表现。严重者可发生酮症酸中毒。应注意控制饮食，如果饮食不够，可加三份煮蔬菜等高纤维食物充饥；对于甜食，用木糖醇代替；想吃水果，必须少吃主食。

糖尿病患者应生活规律，保证充足的睡眠，注意劳逸结合，如病情严重应卧床休息。休息可以减少能量消耗，对大脑有保护作用，有利于恢复。还应注意对皮肤、口腔的护理。

由于糖尿病是一种终身病，患者容易产生焦虑情绪，因此有必要做好对病情的解释，让患者知道病情是可以控制住的。可以引进先进的治疗方法，以增强患者的信心，并观察有无不良反应。定期测血糖，观察是否有酮症酸中毒、低血糖等症状，若有及时就医。并观察是否有并发症，如肢体坏疽、白内障、冠心病等。

四、老年人护理知识

（一）老年人如何过冬天

入冬后，天气逐渐变冷，气候干燥，对老年人的身心有许多不良影响，稍不注意就会得病，特别是一些呼吸道疾病，如慢性支气管炎、肺气肿、支气管哮喘等，因此，许多老年人害怕过冬季。

其实冬天并不可怕，只要老年人注意适应冬天的气候特点，注意保健，就能平安过冬。为了安全过冬，老年人应做到以下几点。

①注意防寒保暖。冬季气温较低，为了应对寒冷，机体的调节功能也在发生明显变化，如毛细血管收缩、汗液分泌减少、皮下脂肪增多等。老年人的抵抗力、抗寒力和抗病力明显低于青年人。当寒潮或强冷空气袭来时，老年人的基础疾病容易复发，心血管疾病患者也容易出现心绞痛、心肌梗死、心力衰竭等。因此，老年人一定要时刻注意防寒保暖，要随着天气的变化及时增加衣物，防止感冒。

②重视饮食调理。在冬季，老年人的日常饮食应以"温"和"补"为主，宜多吃一些高热量、高蛋白的食物，合理安排一日三餐，做到荤素搭配，以增加营养，增强抗寒能力。要避免或少吃凉的食物、刺激性的食物和一些油腻而难消化的食物。

③注重心理健康。临床实践证明，许多疾病的发生、发展和恶化与人的心理状态密切相关。冬季是阴阳衰败的季节。因此，老年人应避免受到抑郁、焦虑、紧张等不利因素的刺激，经常保持乐观的心态，保持愉快的心情，科学安排生活，注意工作与休息的结合，防止过度疲劳，从而使心境平和。另外，确保有足够的睡眠。一般老年人应保持 8～10 小时的睡眠时间并应午睡，睡前不要太兴奋。

④改善人居环境。在冬季，人们常关上门、窗御寒，再加上采暖设施的使用，室内空气难免干燥，容易引起呼吸道疾病。因此，在控制室内温度的同时，应注重保持室内整洁，定时开窗通风。

⑤进行适当的体育锻炼。冬季，老年人应能每天锻炼身体，这有利于强身健体。

⑥不要经常洗澡。冬季老年人 5～6 天洗一次澡是最佳的，而且水不宜太热，洗完后最好喝一杯热水。

⑦避免外出太久。由于冬季是呼吸道疾病的多发季节，而老年人机体免疫功能低下，抗病能力差，外出太久，容易感染疾病。

⑧生病应及时治疗。如老年人在冬季有轻微不适，如食欲差、发热、咳嗽、胸痛、心悸、气短、乏力等，应及时就医诊治，以免耽误治疗，导致病情加重。

（二）老年人七忌

①避免用硬毛牙刷。老年人牙龈脆弱，使用硬毛牙刷时会因硬毛束的碰撞而造成牙龈损伤，从而引起牙周病。

②避免吃得太饱了。老年人胃肠道消化功能较差，吃得过饱会导致腹部饱胀，影响心肺的正常功能。此外，消化食物时，大量血液集中在胃肠道，导致心脑供血相对减少，容易诱发心肌梗塞和中风。

③不要喝太多酒。饮酒过量可使血管扩张，血压下降，引起心绞痛，还可使血压突然升高，引起脑出血。

④避免吃太多盐。食盐过多，会增加循环血量，老年人肾脏溶解钠的功能本来就弱，这会导致血管收缩、血压升高或心脏负荷加重，甚至会诱发心力衰竭。

⑤忌睡弹簧床。睡弹簧床，老年人身体中部凹陷，虽然身体上方的肌肉可以放松，但下方的肌肉被拉紧，这会使患有腰肌劳损、骨质增生、颈椎病的老年人的症状加重。

⑥忌坐了半天突然站起来。老年人长时间坐着后若起得太快，会减少大脑中的血液量，造成短暂的脑缺血，会有头晕、头晕、心悸等症状，容易摔倒受伤。

⑦避免洗澡太频繁。老年人的皮肤又薄又皱，皮脂腺萎缩，频繁洗澡容易使人疲劳，并使皮肤因缺油而干燥。如果再用碱性或酸性肥皂刺激皮肤会产生裂纹，很容易引起皮肤感染。

（三）临终关怀护理

临终关怀护理具体包括四个方面的内容。

①以关怀为中心。对于临终病人来说，治愈的希望已经非常渺茫，他们最需要的是安慰、关怀以及生活上的照顾和心理上的支持。因此，我们应把重点放在以关怀为中心的护理上。

②维护人的尊严。虽然此时的病人处于生命的最后阶段，但个人尊严不应因生命活力的衰退而被践踏，个人权利不应因体力的衰竭而被剥夺，只要不进入昏迷阶段，仍有思想感情，医务人员就应维护患者的尊严和权利；例如，让患者参与制定医疗计划，选择死亡方式等。

③共同面对死亡。死亡与生俱来。死亡和出生一样，是客观世界的自然规律，

每个人都会经历，垂死的人只不过比我们更早经历而已，他们现在所面对的就是我们以后要面对的。

因此，工作人员首先要树立正确的生死观，冷静地引导患者正确面对死亡，珍惜即将结束的生命，同时，要和临终病人一起面对死亡，把他们的经历当成自己的经历，有适当的同理心，多从他们的角度去思考和处理事情。

（四）老年人可能发生的意外及其预防

老年人的身体功能，随着年龄的增长而衰退，逐渐出现眼花、弯腰、驼背等现象，各个器官随时都可能出现问题，严重威胁老年人的安全。如对可能发生的意外，事先采取一定的措施，很多都是可以避免的，以下总结了几个老年人易发生的意外。

1. 老年人可能发生的意外

①跌倒。随着年龄的增高，老年人极易跌倒。

②误吸、噎食。老化引起神经反射性活动衰退，吞咽肌群互不协调，老年人在进食过程中易发生误吸、噎食。视力差还可引起老年人误食非食品。

③坠床。意识不清或存在意识障碍的老年人，常因躁动，在自主或不自主的活动中坠床。

2. 意外情况的预防

①了解老年人的心理，做好疏导工作。一般有两种心理状态会危及老年人的安全：一是不服老的心态；二是不愿麻烦他人的心理，尤其是个人生活上的小事，愿意自己动手。如有的老年人明知不能独自上厕所，但非说不要别人帮助，如果别人去帮了就开始发脾气，针对这种情况，就要做好疏导工作，让老年人认清自己，此时更不要因为老年人不让自己帮忙而摔倒，就去责怪老年人。

②防跌倒。帮助老年人熟悉新环境，加深老年人对方位、布局和设施的记忆。老年人的衣、裤、鞋不宜过于长大，尤其是裤腿太长会直接影响行走；走动时应穿合脚的布鞋，尽量不穿拖鞋或者是系带鞋，如果鞋带过于长就会造成老年人跌倒摔伤等问题；穿脱袜子、鞋、裤应坐着进行，避免站立。在老年人走动的范围内，应有足够的采光，地面或地毯保持平整、无障碍物，地面不要有水渍和油渍，水泥地面应避免受湿，如有条件铺塑胶地板，光而不滑，平而有弹性。盥洗室应装坐便器，并设有扶手。澡盆不宜过高，盆口离地不应超过50厘米，以便于进出，盆底垫胶毡，以防老年人滑倒。老年人在行动前应先站稳、站直

后再起步。老年人行走时应有人搀扶或拄拐杖。反应迟钝,服用降压药的老年人,尽量夜间不去厕所,如夜尿较频,应在睡前准备好夜间所需物品和便器,必须下床或上厕所时,一定要有人陪伴,避免意外发生。

③防呛防噎。老年人应选择软而易消化的食物,同时保证身体摄入足够的营养,同时进食时的体位要合适,尽量采取坐位或半卧位,注意力要集中,吃干食易噎者,进食时准备水或饮料,每口食物不宜过多,喝稀食易呛者,应把食物加工成糊状。

④防坠床。对于一些有意识障碍的老年人应加床档;对于睡眠中翻身幅度较大或身材高大的老年人,应安装护栏,避免摔伤;如果发现老年人靠近床边缘时,要及时把老年人推向床中央,以防老年人坠床摔伤。

⑤注意给药安全。内服药与外用药应分开,标记清楚,发给时向老年人讲解清楚,保证其确实明白,并让老年人重复一遍,对于不认识字的老年人,要耐心细致地把药分好,或者提前给老年人准备好分药器;护理人员还要耐心细致地观察药物有无副作用,在患者服用特殊药物时应注意其延缓反应,尽管在过敏试验中无反应,但初次给药时仍需继续观察;当静脉注射时,除了速度慢于平时外,应边注射边观察,发现问题立即停止注射,同时报告给医生;在药推注完后,帮老年人按住静脉注射孔,不要让老年人立即起床,继续观察2~3分钟;安眠药最好上床后服,以防药物在老年人上床前起作用而引起跌倒等危险;夜间让老年人服药,一定要把老年人叫醒,以防似醒非醒服药造成呛咳,使药物误入气管;粉剂应装胶囊或加水混成糊状再服,避免危险发生。

⑥防止交叉感染。老年人免疫功能低下,对疾病的抵抗力弱,应避免感染上新的疾患。所以不宜过多会客,必要时可"谢绝会客"。病人之间尽量避免互相走访,尤其患呼吸道疾病或发烧的老年人更不应串门,避免交叉感染。

参考文献

[1] 中华人民共和国住房和城乡建设部. 无障碍设计规范：GB 50763—2012[S]. 北京：中国建筑工业出版社，2012.

[2] 李野新. 残疾人市场掘金引擎 [M]. 深圳：海天出版社，2003.

[3] 广西壮族自治区残疾人联合会. 残疾人工作业务知识教材 [M]. 南宁：广西民族出版社，2005.

[4] 北京市建筑设计研究院. 建筑专业技术措施 [M]. 北京：中国建筑工业出版社，2006.

[5] 卢雁. 积极人生：残疾人健身锻炼 [M]. 北京：北京体育大学出版社，2003.

[6] 王亮. 无障碍理念在家居设计中的渗透 [J]. 建筑技术开发，2016（03）：33-34.

附　录

附录一：《平等、参与、共享：新中国残障人权益保障 70 年》白皮书

前　言

　　残疾人是人类大家庭的平等成员。尊重和保障残疾人的人权和人格尊严，使他们能以平等的地位和均等的机会充分参与社会生活，共享物质文明和精神文明成果，是国家义不容辞的责任，也是中国特色社会主义制度的必然要求。

　　中国有 8500 万残疾人。新中国成立 70 年来，在建设中国特色社会主义伟大事业进程中，中国共产党和中国政府本着对人民负责的精神，坚持以人民为中心，关心特殊困难群体，尊重残疾人意愿，保障残疾人权利，注重残疾人的社会参与，推动残疾人真正成为权利主体，成为经济社会发展的参与者、贡献者和享有者。

　　在习近平新时代中国特色社会主义思想指引下，中国将残疾人事业发展作为全面建成小康社会的重要目标，坚持政府主导与社会参与、市场推动相结合，坚持增进残疾人福祉和促进残疾人自强自立相结合，将残疾人事业纳入国家经济社会发展总体规划和国家人权行动计划，残疾人权益保障的体制机制不断完善，残疾人社会保障制度和服务体系不断健全，残疾人获得感、幸福感、安全感持续提升，残疾人事业取得举世瞩目的历史性成就。

一、残疾人事业发展历程

　　中华人民共和国成立 70 年来，中国从国情和实际出发，努力促进和保护

残疾人权利和尊严，保障残疾人平等参与经济、政治、社会和文化生活，走出了一条具有中国特色的残疾人事业发展道路。

残疾人获得平等地位。新中国成立以后，残疾人在政治上获得了和其他人一样的地位，享受应有的公民权利和义务。中国政府公布实施《革命残废军人优待抚恤暂行条例》等法规，对伤残军人等伤残人员的休养、治疗、生活、学习、工作给予特殊保障；建立福利机构和精神病院，收养或安置无依无靠的重度残疾人、残疾孤儿、残疾老年人、精神残疾人和残疾军人；兴办了盲童学校、聋哑学校等特殊教育学校，确立了特殊教育在国民教育体系中的地位。在农村，对符合条件的失去劳动能力的残疾人由集体经济组织给予"五保"待遇（即保吃、保穿、保住、保医、保葬或保教）；在城市，兴办福利工厂、福利生产单位安排残疾人就业。探索社会化管理方式，1953年成立中国盲人福利会，1956年成立中国聋哑人福利会，1960年在此基础上成立中国盲人聋哑人协会。大部分省、自治区、直辖市也建立起地方协会和基层组织，残疾人开始参与自身事务的管理。全国城乡劳动就业的残疾人增多，文化体育活动有所开展，残疾人生活初步改善。

残疾人事业在改革开放中兴起。改革开放以来，中国共产党和中国政府实施了一系列发展残疾人事业、改善残疾人状况的重大举措。1984年成立中国残疾人福利基金会，1987年开展第一次全国残疾人抽样调查，1988年成立中国残疾人联合会（简称"中国残联"），1991年颁布实施《中华人民共和国残疾人保障法》并第一次制定实施中国残疾人事业五年计划纲要。进入21世纪，国家加快推进全面小康社会建设，残疾人事业全面提升。2008年出台《中共中央国务院关于促进残疾人事业发展的意见》，同年修订《中华人民共和国残疾人保障法》。残疾人事业由改革开放初期以救济为主的社会福利工作，逐步发展成为包括康复、教育、就业、扶贫、社会保障、维权、文化、体育、无障碍环境建设、残疾预防等领域的综合性社会事业。残疾人参与社会生活的环境大为改善，残疾人的经济、政治、文化和社会权利得到尊重和保障；残疾人的面貌发生根本性变化，由被动的受助者变为积极参与的主体，成为经济社会发展的一支重要力量，在改革和发展中涌现出一大批像张海迪那样的体现民族精神和时代风貌的优秀残疾人。

残疾人事业迈上新台阶。中共十八大以来，以习近平同志为核心的党中央对残疾人格外关心、格外关注。2014年、2019年习近平两次会见全国自强模范暨助残先进集体和个人表彰大会受表彰代表，为我国残疾人事业发展指明方向，2014 年向中国残疾人福利基金会成立 30 周年发去贺信提出"残疾人是一个特殊困难的群体，需要格外关心、格外关注"，2017 年向 2013—2022 年亚太残疾人十年中期审查高级别政府间会议致贺信提出"中国将进一步发展残疾人事业，促进残疾人全面发展和共同富裕"，2016 年在河北省唐山市考察时提出"2020 年全面建成小康社会，残疾人一个也不能少"的任务目标。自中共十八大以来，残疾人工作成为"五位一体"总体布局和"四个全面"战略布局的重要内容。在国家层面建立起覆盖数千万残疾人口，包含生活补贴、护理补贴、儿童康复补贴等内容的残疾人专项福利制度；在全国范围内将数百万农村贫困残疾人脱贫作为打赢脱贫攻坚战的重点，精准施策、特别扶助；在实施"健康中国"战略中高度重视和关注每个残疾人的健康问题，加快实现"人人享有健康服务"目标；将残疾人基本公共服务纳入国家基本公共服务体系，持续推进残疾人基本公共服务托底补短工作，不断提高残疾人基本公共服务供给水平；各行各业、社会各个方面都在努力消除障碍，越来越多的残疾人接受更好教育、实现就业创业、平等参与社会。残疾人"平等、参与、共享"的目标得到更好实现，关心帮助残疾人的社会氛围更加浓厚，残疾人事业发展进入了快车道，残疾人获得感、幸福感、安全感持续提升，残疾人事业整体发展水平迈上一个新台阶。

二、残疾人权益保障机制

中国坚持将残疾人事业纳入国家发展战略，加强残疾人权益法治保障，健全残疾人工作体制，残疾人权益保障机制不断完善。

残疾人事业纳入国家发展战略。自 1991 年开始，残疾人事业被纳入国民经济和社会发展总体规划，"十一五"至"十三五"国民经济和社会发展规划中分别设立"保障残疾人权益""加快残疾人事业发展""提升残疾人服务保障水平"专节。国务院先后颁布 7 个残疾人事业五年发展规划，对残疾人权益保障工作作出总体部署；发布《国务院关于加快推进残疾人小康进程的意见》《"十三五"加快残疾人小康进程规划纲要》《"十三五"推进基本公共服务均等化规划》《国家残疾预防行动计划（2016—2020 年）》和两期《特殊教育提升计划》等一批专项规划，进一步细化残疾人事业发展的工作任务和责任清单；自 2009 年开始施行的三期国家人权行动计划均规定了残疾人权益保障的任务要求和完成指标。

残疾人权益保障法治化。中国已形成以《中华人民共和国宪法》为核心，以《中华人民共和国残疾人保障法》为主干，以《残疾预防和残疾人康复条例》《残疾人教育条例》《残疾人就业条例》《无障碍环境建设条例》等为重要支撑的残疾人权益保障法律法规体系。截至 2018 年 4 月，直接涉及残疾人权益保障的法律有 80 多部，行政法规有 50 多部。《中华人民共和国宪法》明确规定包括残疾人在内的所有公民都依法享有选举权和被选举权，《中华人民共和国残疾人保障法》规定残疾人在经济、政治、文化、社会和家庭生活等方面享有同其他公民平等的权利，《中华人民共和国选举法》对残疾人行使选举权作出特殊规定，要求为残疾人参加选举提供便利。2018 年，共有 5000 多名残疾人、残疾人亲友和残疾人工作者担任县级以上人大代表和政协委员。国家采取多种措施保障残疾人参与公共事务的平等权利。全国人大常委会多次开展《中华人民共和国残疾人保障法》实施情况的执法检查，持续推动残疾人合法权益保障工作不断改进，全国政协通过开展多种形式的协商议政活动持续推进残疾人的权益保护，最高人民法院、最高人民检察院与中国残联建立协调工作机制，公安部依法严厉打击侵犯残疾人合法权益的违法犯罪行为。全国普遍开通 12385 残疾人服务热线，建成残疾人信访工作网上服务平台，拓宽残疾人利益诉求渠道。

残疾人公共法律服务体系优先建设。最高人民法院等九部门联合印发《关于加强残疾人法律救助工作的意见》，成立了残疾人法律救助工作协调领导小组，指导地方设立残疾人法律救助工作站。最高人民法院要求各级人民法院为残疾人开辟绿色通道，提供优先服务；同时要求为残疾人提供司法便民服务，为残疾人参加庭审活动提供无障碍设施。司法部发布《关于"十三五"加强残疾人公共法律服务的意见》，拓展了残疾人公共法律服务领域，扩大了残疾人法律援助范围，加强了残疾人刑事法律援助。截至 2018 年，全国设立残疾人法律援助工作站 2600 余个，建成法律援助便民服务窗口 2600 余个，各级残疾人联合会（简称"残联"）建立残疾人法律救助工作站 1814 个。2014 年至 2018 年，共为 31.2 万残疾人提供法律援助，法律援助机构组织为残疾人提供法律咨询共计 124.2 万人次。

残疾人工作体制逐步健全。在推进残疾人事业的工作实践中，形成了党委领导、政府负责、社会参与、残疾人组织充分发挥作用的中国残疾人工作体制。2008 年 3 月发布《中共中央国务院关于促进残疾人事业发展的意见》，明确了残疾人事业发展的总体要求。成立由 34 个部委和机构负责人组成的国务院残疾人工作委员会（简称"国务院残工委"），协调国务院有关残疾人事业方针、政策、法规、规划的制定与实施，解决残疾人工作中的重大问题。国务院残工委各成员单位按照部门分工履行残疾人事业有关职责，推动有关残疾人政策的制定与落实。全国县级以上人民政府均成立了残疾人工作委员会。中国残联及地方各级残联充分发挥代表、服务、管理职能，成为党和政府联系残疾人的桥梁和纽带。工会、共青团、妇联等人民团体和老龄协会等社会组织发挥各自优势，维护残疾职工、残疾青年、残疾妇女、残疾儿童和残疾老年人的合法权益。红十字会、慈善会、残疾人福利基金会等慈善组织为残疾人事业筹集善款，开展爱心捐助活动。企事业单位承担社会责任，为残疾人事业发展贡献力量。

残疾人组织得到充分发展。中国残联是国家法律确认、国务院批准的由残疾人及其亲友和残疾人工作者组成的人民团体，它代表残疾人共同利益，维护残疾人合法权益；团结帮助残疾人，为残疾人服务；履行法律赋予的职责，承担政府委托的任务，管理和发展残疾人事业。中国残联的最高权力机构是全国代表大会，每五年举行一次。截至2018年，全国（除新疆生产建设兵团、黑龙江垦区外）共成立残联组织4.2万个。中国残联领导盲人协会、聋人协会、肢残人协会、智力残疾人及亲友协会、精神残疾人及亲友协会等专门协会。截至2018年，全国共建立省、地（市）、县三级五类残疾人专门协会1.6万个。

残疾人数据收集和统计机制不断完善。加强残疾人事业统计调查，规范和完善残疾人权益保障的统计指标，实现残疾人权益保障精细化管理、精准化服务。逐步建立国家和省（区、市）残疾人状况监测体系，制定统计监测指标体系，建立各地区各部门综合统计报表和定期报送审评制度。1987年和2006年开展了两次全国残疾人抽样调查，掌握了残疾人及其人权保障的基本状况。自2015年开始，每年开展全国残疾人基本服务状况和需求调查，统计全国残疾人的基本服务状况、需求信息以及社区残疾人基本公共服务状况信息，建立残疾人基础数据库，实现与政府有关部门数据共享。2018年收集全国3308万持有中华人民共和国残疾人证的残疾人基本服务状况和需求的动态信息，以及近69万个村（社区）的残疾人服务设施状况信息。

残疾人事业财政支持大幅增长。"十一五"期间全国残联系统用于残疾人事业发展的财政资金为573.59亿元，"十二五"期间财政资金投入1451.24亿元，比"十一五"期间增长153%。2016年，全国残联系统用于"十三五"期间残疾人事业发展的财政资金共计416.69亿元，比"十二五"同期（2011年）增加241.54亿元，增长138%。2013年至2017年各级财政专门用于残疾人事业的资金投入超过1800亿元，比上一个五年增长123%。2018年已竣工残疾人服务设施达到 4069 个。

三、健康与康复

中国高度重视残疾人健康权利保障，全面开展残疾预防，大力推进康复服务，努力实现残疾人"人人享有康复服务"的目标。

残疾人健康保障政策务实全面。《"健康中国 2030"规划纲要》《"十三五"卫生与健康规划》《"十三五"深化医药卫生体制改革规划》等对维护残疾人健康、加强基层医疗康复能力建设等提出明确要求。《残疾预防和残疾人康复条例》颁布实施。建立重度残疾人护理补贴制度，向残疾人提供残疾特需医疗卫生服务，将残疾人作为家庭医生签约服务的优先对象，鼓励各地将基本康复服务纳入个性化签约范围。运动疗法等 29 项医疗康复项目纳入基本医疗保险支付范围。自 20 世纪 90 年代以来，中国政府和社会各界出资，对白内障患者开展手术治疗，累计使 1000 余万人复明。特别关注农村贫困残疾人医疗卫生服务状况，制定发布《关于实施健康扶贫工程的指导意见》《健康扶贫工程"三个一批"行动计划》《着力解决因残致贫家庭突出困难的实施方案》和《医疗保障扶贫三年行动实施方案（2018—2020 年）》，将农村贫困残疾人纳入基本医保、大病保险、医疗救助范围，充分发挥三项制度综合保障作用，切实提高建档立卡贫困残疾人医疗保障受益水平，加强县级残疾人康复服务中心建设，提升基层康复服务能力，建立医疗机构与残疾人专业康复机构协调配合的工作机制。

残疾预防工作取得积极成效。制定发布《国家残疾预防行动计划（2016—2020 年）》，采取有效措施减少和控制残疾发生。在全国开展残疾预防综合试验区试点工作，探索完善残疾筛查、评定、报告及干预一体化工作机制。实施国家免疫规划，加强婚前孕前健康检查、孕产妇产前筛查诊断以及新生儿和儿童残疾筛查。制定《0—6 岁儿童残疾筛查工作规范（试行）》，实现 5 类儿童残疾的早筛早诊早治。加强传染病、地方病、慢性病等疾病防治，实施食盐加碘、增补叶酸等重点预防工程，基本消除了脊髓灰质炎、碘缺乏病等致残因素。加强安全举措，减少意外伤害致残因素。科技部积极推进残疾预防技术攻关，通过"生殖健康及重大出生缺陷防控研究"和"重大慢性非传染性疾病防控研究"重点专项，部署开展出生缺陷防控和主要致残性重大慢性疾病防控技术研究，有效减少因病致残的发生。2017 年国务院正式批准将每年 8 月 25 日设立为"残疾预防日"，在"残疾预防日"、爱耳日、防治碘缺乏病日、爱眼日、预防出生缺陷日、精神卫生日等节点开展宣传活动，提高公众残疾预防意识。截至 2016 年，全国共为 8091 万名农村围孕期妇女提供免费补服叶酸服务，为 97.8 万对夫妇免费提供地中海贫血筛查服务，为 469 万名新生儿提供免费先天性疾病筛查。

残疾人康复条件逐步完善。残疾人康复机构从无到有，专业队伍建设不断加强，工作体系、业务格局、运行机制逐步建立，服务能力日益提高。截至 2018 年，全国已竣工的省、市、县三级康复设施 914 个，总建筑面积 344.9 万平方米；全国残疾人专业康复服务机构 9036 个，在岗人员 25 万人，2750 个县（市、区）开展社区康复服务。康复工作内容由三项抢救性康复项目发展成为覆盖多学科领域、满足各类别残疾人需要、预防与康复并重的服务体系。2018 年，全国 621 所中等、高等职业技术学校和普通本专科院校开设康复专业，毕业生人数为 29334 人。为进一步加强康复专业人才培养，建设中国康复大学已纳入"十三五"规划和《"十三五"加快残疾人小康进程规划纲要》，筹建工作正式启动。大力开展社区康复服务，提升社区康复能力。截至 2018 年，开展社区康复服务的市辖区为 1001 个，县（市）为 1749 个，有社区康复协调员 47.8 万人。建立残疾儿童康复救助制度，为残疾儿童接受基本康复救助提供制度性保障。全国 9 个省（区、市）建立了残疾人辅助器具补贴制度，减轻了残疾人家庭经济负担。实施残疾人精准康复服务行动，为残疾儿童和持证残疾人提供康复医疗、康复训练、支持性服务、辅助器具适配等基本康复服务。科技部着力推进助残、惠残产品研发，通过"主动健康和老龄化科技应对"和"生物医用材料研发与组织器官修复替代"重点专项，部署开展康复辅助器具、人工组织器官修复材料等研发。完善工伤康复制度，提高伤残抚恤标准。2006 年至 2016 年，2178.1 万残疾人次得到不同程度康复。2018 年，1074.7 万名残疾儿童及持证残疾人得到基本康复服务，残疾人康复服务覆盖率达到 79.8%。

残疾儿童健康得到特别关注。遵循儿童利益最大化原则，高度关注残疾儿童健康。第二次全国残疾人抽样调查数据显示，0—14 岁残疾儿童占残疾人总人数的 4.69%，比 1987 年第一次全国残疾人抽样调查数据下降 11.21 个百分点。优先开展 0—6 岁残疾儿童抢救性治疗和康复，实施精准康复服务。2018 年，15.7 万名 0—6 岁残疾儿童得到基本康复服务。为更全面更可持续地保障残疾儿童的基本康复权利，国务院 2018 年 6 月发布《关于建立残疾儿童康复救助制度的意见》，正式建立残疾儿童康复救助制度。推进残疾儿童康复救助项目，对患有脑瘫、弱视、听障等重大疾病儿童进行救助。建立包括残疾孤儿在内的孤儿基本生活保障制度，实施"儿童福利机构建设蓝天计划"和"全国残疾孤儿手术康复明天计划"。截至 2018 年 6 月，"全国残疾孤儿手术康复明天计划"已为 12.5 万名手术适应症残疾孤儿、弃婴实施了手术矫治和康复训练。

四、特殊教育与融合教育

中国保障残疾人享有平等受教育权，颁布并修订《残疾人教育条例》，将残疾人教育纳入《国家中长期教育改革和发展规划纲要（2010—2020 年）》《中国教育现代化 2035》和《"十三五"推进基本公共服务均等化规划》，制定实施两期《特殊教育提升计划》，着力办好特殊教育，努力发展融合教育，提高残疾人受教育水平。

残疾人教育体系日趋完备。中国残疾人教育以教育部门为办学主体，民政、残联和社会力量辅助，涵盖学前教育、初等教育、中等教育和高等教育。以普通学校随班就读为主体，以特殊教育学校为骨干，以送教上门和远程教育为补充，统筹推进，普特结合。建立起从幼儿园到高等院校的残疾儿童和残疾学生资助体系，自 2016 年秋季学期起，免除普通高中家庭经济困难残疾学生学杂费，从而实现家庭经济困难残疾学生从小学到高中阶段的 12 年免费教育。

残疾儿童少年义务教育普及水平显著提高。各地按照"全覆盖、零拒绝"的要求，通过提高特殊教育学校招生能力、扩大普通学校残疾学生随班就读规模及送教上门等多种方式，最大限度地保障适龄残疾儿童少年接受义务教育的权利。特殊教育在校生数量逐年大幅度上升，视力、听力、智力等各种类别的残疾儿童少年受教育机会明显增加。2018 年，在校生 66.6 万人，比 2013 年增加 29.8 万人，增长 81%。

残疾人非义务教育稳步发展。不断扩充残疾儿童学前教育规模，除普通幼儿园积极招收残疾儿童外，还鼓励特殊教育学校增设学前班或附属幼儿园，将家庭经济困难的残疾儿童接受学前教育纳入幼儿资助范围。2016 年，3 万多名在园残疾幼儿获得专门资助。2012 年至 2018 年，残疾人事业彩票公益金助学项目共投入约 3.1 亿元，为 10.5 万人次家庭经济困难的残疾儿童提供学前教育资助。举办残疾人高中部（班），扩大残疾人接受高中教育的机会。制定《关于加快发展残疾人职业教育的若干意见》，加快发展残疾人职业教育。2018 年，全国共有残疾人中等职业学校（班）133 个，在校生 19475 人。稳步发展残疾人高等教育，努力畅通残疾人接受高等教育的渠道，制定《残疾人参加普通高等学校招生全国统一考试管理规定》，为残疾人参加高考提供合理便利和必要支持。2012 年至 2018 年，全国共有 6.22 万残疾考生进入普通高等院校学习。在普通高校招生录取工作中，教育部明确要求，对肢体残疾、生活能够自理、能完成所报专业学习且高考成绩达到要求的考生，高校不能因其残疾而不予录取，切实维护残疾考生权利。为增加残障考生上大学机会，教育部批准同意 22 所高校面向残障考生采取单独考试、单列计划、单独录取，鼓励高校开设特殊教育专业。截至 2018 年 6 月，全国已有 61 所普通本科高校开设特殊教育专业，在校生 1 万余人。2018 年，全国高职院校开设特殊教育专业点 37 个。

努力发展融合教育。2017 年，融合教育首次写进《残疾人教育条例》。《中国教育现代化 2035》和《第二期特殊教育提升计划（2017—2020 年）》等文件均提出全面推进融合教育。各地不断完善随班就读支持保障体系，加强普通学校特殊教育资源教室建设，配备专兼职教师，在普通学校就读的残疾学生规模不断扩大。在普通学校就读的残疾学生数由 2013 年的 19.1 万人增加到 2018 年的 33.2 万人，增长 73.8%。近 10 年来，残疾学生在普通学校就读的比例均超过 50%。

特殊教育公共支出持续增长。2008 年至 2015 年，国家实施两期特殊教育学校建设项目，财政投入 71.42 亿元，新建、改扩建中西部地区 1182 所特殊教育学校，支持 61 所残疾人高等院校、中等职业学校和特殊师范院校改善办学条件。自 2014 年开始，中央特教专项补助经费提高到每年 4.1 亿元，支持范围由中西部地区扩大到除京津沪以外的所有省份。全国义务教育阶段在普通学校和特殊教育学校就读的残疾学生年生均公用经费标准提高到 6000 元。部分地区将普通学校随班就读教师、送教上门教师纳入享受特教津贴范围。在国家针对城乡义务教育学生免除学杂费、免费提供教科书、对家庭经济困难学生补助生活费的基础上，各省市还增加了对残疾学生的资助项目，并逐步提高资助标准。部分省市实施残疾学生从小学到高中免费教育。遴选确定华东师范大学等 5 所院校实施卓越特殊教育教师培养改革项目，在"国培计划"中专设特教学校校长和骨干教师培养项目。截至 2018 年，培训特教学校骨干教师 10298 名、校长 726 名。

五、就业与创业

中国以建立劳动福利型残疾人事业为目标，通过完善法律法规、拓展就业渠道、完善服务体系，促进残疾人就业权利的实现。

残疾人就业权利受到法律保护。《中华人民共和国残疾人保障法》对残疾人就业作了明确规定，要求各级人民政府采取优惠政策和扶持保护措施，实现残疾人多渠道、多层次、多种形式就业。《中华人民共和国就业促进法》对保障残疾人的劳动权利作了规定。《残疾人就业条例》对残疾人就业方针、政府职责、用人单位责任、保障措施、就业服务及法律责任等作了详细规定。最高人民法院发布典型案例，依法切实保障残疾人劳动的权利，切实维护残疾人合法权益。地方人大和政府也发布了促进残疾人就业、鼓励残疾人创业的规范性文件，保障残疾人平等就业。

残疾人就业创业得到政策支持。政府有关部门相继发布《关于促进残疾人按比例就业的意见》《残疾人就业保障金征收使用管理办法》《关于发展残疾人辅助性就业的意见》《关于促进残疾人就业增值税优惠政策的通知》《关于促进残疾人就业政府采购政策的通知》《关于扶持残疾人自主就业创业的意见》《残疾人职业技能提升计划（2016—2020 年）》等一系列扶持和保护残疾人就业的政策。将残疾人纳入积极的就业政策体系覆盖范围，在坚持以市场为导向的就业机制基础上，对残疾人就业创业采取优惠政策和扶持保护措施，包括税费减免、设施设备扶持、政府优先采购、信贷优惠以及资金支持、岗位补贴和社会保险补贴等。《中华人民共和国中医药法》规定，盲人按照国家有关规定取得盲人医疗按摩人员资格的，可以以个人开业的方式或者在医疗机构内提供医疗按摩服务。国家对盲人按摩的培训和就业、创业予以支持，累计培养盲人保健按摩人员超过 11 万人、盲人医疗按摩人员约 1 万人。

残疾人就业创业服务和培训广泛开展。各地将残疾人就业纳入公共服务范围，为有劳动能力和就业意愿的城乡残疾人免费提供就业创业服务，为残疾人就业和用人单位招用残疾人提供帮助。省、市、县三级政府建立了专门的残疾人就业服务机构，为残疾人提供政策咨询、求职登记、职业指导、职业介绍、职业培训等就业服务，并于元旦、春节期间举办就业援助月专项活动，集中为残疾人就业提供帮扶。截至 2018 年，全国共有残疾人就业服务机构 2811 家，工作人员 3.4 万人。实施残疾人职业技能提升计划，开展适合残疾人特点的职业培训和创业培训，组织各类残疾人职业技能竞赛，提升残疾人就业创业能力。2018 年，城乡新增残疾人实名制培训 49.4 万人。建立了 500 家国家级残疾人职业培训基地，350 家省级残疾人职业培训基地。

残疾人就业方式丰富多样。残疾人按比例就业、集中就业、自主就业创业稳定发展。近年来，政府优化公益性就业岗位开发管理，鼓励"互联网＋"就业。制定《关于发展残疾人辅助性就业的意见》，针对就业年龄段内有就业意愿但难以进入竞争性劳动力市场的智力、精神和重度肢体残疾人，安排辅助性就业，集中组织生产劳动，在劳动时间、劳动强度、劳动报酬和劳动协议签订等方面采取灵活方式。截至 2017 年，全国所有市辖区至少建立了一所残疾人辅助性就业机构。通过优惠措施帮助农村残疾人从事种植业、养殖业、手工业等生产劳动，实现就业创业。近十年来，中国残疾人就业总体规模与结构趋于稳定，新增残疾人就业人数每年保持在 30 万人以上。2018 年，城乡持证残疾人新增就业 36.7 万人，其中，城镇新增就业 11.8 万人，农村新增就业 24.9 万人。截至 2018 年，城乡持证残疾人就业人数达到 948.4 万人。

产业扶贫助推贫困残疾人就业增收。制定《农村残疾人扶贫开发计划（2001—2010 年）》《农村残疾人扶贫开发纲要（2011—2020 年）》。2011 年以来，中国扶持近 1300 万残疾人发展生产，其中 676 万贫困残疾人摆脱贫困。各地建立残疾人扶贫基地 5490 个，安置 88.1 万残疾人就业，扶持带动 176.9 万户残疾人家庭增加收入。支持残疾人贫困户因地制宜发展种养业和手工业。深入实施"雨露计划"，优先培训贫困残疾人，将适合从事农业生产的贫困残疾人纳入农民教育培训相关工程，鼓励他们在农业领域创业。实施职业技能提升计划和贫困户教育培训工程，残疾人贫困户优先接受培训，确保贫困残疾人家庭劳动力至少掌握一门致富技能。落实残疾人贫困户培训后资金、场地、设备、市场信息、经营管理等方面的就业创业服务与扶持政策措施。将优秀脱贫致富残疾人纳入贫困村创业致富带头人培训工程。制定《发展手工制作促进贫困残疾妇女就业脱贫行动实施方案》，加强对残疾妇女的实用技术和就业技能培训，发展手工制作，促进贫困残疾妇女就业脱贫。鼓励"全国巾帼脱贫基地"负责人、农村致富女带头人等与残疾妇女结对帮扶。在城镇举办劳动技能培训，加强就业指导和服务，积极扶持残疾妇女自主择业创业。

六、基本生活与社会保障

中国残疾人社会保障体系不断完善。残疾人按规定享受社会救助、社会福利和社会保险待遇，生活质量提升，获得感显著增强。

残疾人享有平等的社会保障权利。按照平等不歧视原则，国家保障包括残疾人在内的所有公民享有社会保障权利。《中华人民共和国宪法》明确规定：公民在年老、疾病或者丧失劳动能力的情况下，有从国家和社会获得物质帮助的权利；国家和社会保障残废军人的生活，抚恤烈士家属，优待军人家属；国家和社会帮助安排盲、聋、哑和其他有残疾的公民的劳动、生活和教育。《中华人民共和国残疾人保障法》明确规定"国家保障残疾人享有各项社会保障的权利"。《中华人民共和国社会保险法》《社会救助暂行办法》《工伤保险条例》《军人抚恤优待条例》等法律法规对残疾人的社会保障权利作出具体规定。国家承担更加积极的义务，促进残疾人社会保障权利的实现，包括将符合条件的成年无业重度残疾人按照单人户纳入最低生活保障范围，对贫困和重度残疾人参加社会保险给予补贴，对残疾人实行社会优待等。

残疾人生活保障体系不断完善。按照"普惠＋特惠"的原则，通过完善社会救助制度保障残疾人的基本生存权利。同时，依法对贫困残疾人、重度残疾人、一户多残家庭给予重点救助，综合采取措施保障其基本生活。截至 2018 年 3 月，全国共有 904.4 万残疾人享受城乡最低生活保障。落实国务院《关于进一步健全特困人员救助供养制度的意见》，将近 90 万残疾人纳入特困人员救助供养范围。在城市公租房、旧住宅区整治建设中，优先安排贫困残疾人住房。2018 年，全国共有 62 万残疾人享受公租房保障。各地通过贷款贴息帮助残疾人进行危房改造。截至 2018 年，中央财政共支持 176.5 万户农村贫困残疾人家庭完成危房改造。自 2017 年起，中央财政集中支持农村贫困残疾人家庭等 4 类重点对象改造危房，户均补贴标准为 1.4 万元。将符合条件的贫困残疾人纳入医疗救助范围，资助其参加基本医疗保险，并对基本医疗保险、大病保险和其他补充医疗保险支付后难以负担的个人自负合规医疗费用给予补助。部分省市对低收入残疾人家庭的生活用水、电、气、暖等基本生活支出给予优惠和补贴。

残疾人福利体系初步建立。建立困难残疾人生活补贴和重度残疾人护理补贴制度。2018 年，受益残疾人超过 2190 万人次，发放补贴超过 230 亿元。大力发展托养服务，残疾人托养设施逐年增加。截至 2018 年，全国共有已竣工托养设施 791 个，总建筑面积 214.8 万平方米，共有残疾人托养机构 8435 个，为 22.3 万残疾人提供托养服务，有 88.8 万残疾人接受了居家服务。不断完善残疾人托养购买服务、评估监管和人才培养等机制，制定托养服务国家标准，积极培育社会力量，为残疾人提供多层次、多元化托养服务。按照国家加快推进残疾人小康进程的总体规划，加快农村托养建设进程，探索以贫困重度残疾人为主要保障对象的农村托养模式。公园、旅游景点和公共文化体育设施对残疾人免费或优惠开放，为残疾人发放专用机动轮椅车燃油补贴，对军人、警察等特殊伤残群体实施抚恤和优待政策。大多数城市对残疾人搭乘市内公共交通工具给予便利和优惠。

残疾人社会保险保障力度持续增强。实施全民参保计划，加大残疾人参保支持力度，对招用符合条件的就业困难残疾人的企业给予参保补贴，对城乡贫困残疾人和重度残疾人参保给予补贴。截至 2018 年，2561.2 万城乡残疾人参加城乡社会养老保险，1024.4 万残疾人领取养老金。595.2 万重度残疾人中有 576 万人得到了政府参保补助，代缴养老保险费比例达到 96.8%；另有 298.4 万非重度残疾人享受全额或部分代缴养老保险费的优惠政策。近年来，残疾人参加各项社会保险的人数和比例持续上升，2018 年，持证残疾居民养老保险参保率为 79.2%。试点和完善与残疾人相关的社会保险制度，2010 年，国务院修订《工伤保险条例》，提高工伤致残补偿标准。2018 年，全国参加工伤保险人数为 23874 万人，评定伤残等级人数为 56.9 万人，享受工伤保险待遇人数为 198.5 万人。部分地区探索残疾人意外伤害保险制度，财政给予参保补贴，缓解了残疾家庭的经济压力。在全国 15 个城市试点长期护理保险制度，对符合条件的长期失能残疾人基本护理服务费用按规定支付，减轻了残疾家庭的护理负担。

残疾人脱贫攻坚深入开展。中共十八大以来，政府将贫困残疾人脱贫纳入国家脱贫攻坚战略布局，并作为脱贫攻坚重要内容，在制度设计、政策安排、项目实施上给予支持。中共中央、国务院 2018 年发布《关于打赢脱贫攻坚战三年行动的指导意见》，专节部署贫困残疾人脱贫行动，确保到 2020 年贫困残疾人同全国一道进入全面小康社会。国务院扶贫办、国家发展改革委、中国残联等 26 部门制定《贫困残疾人脱贫攻坚行动计划（2016—2020 年）》，并制定了电子商务助残扶贫行动、产业扶持助残扶贫行动等配套实施方案。加大金融资金投入，2011 年至 2018 年，中央财政累计安排康复扶贫贴息贷款 53 亿元，35 万贫困残疾人受益。实施精准扶贫战略以来，政府将 600 多万残疾人纳入贫困户建档立卡范围，截至 2018 年，建档立卡贫困残疾人人数已减少到 169.8 万。

七、无障碍环境建设与个人行动能力

中国重视无障碍环境建设与辅助器具供应和适配服务，逐步完善相关法律法规和标准，不断加大支持力度。

无障碍环境建设形成规范体系。自 1989 年《方便残疾人使用的城市道路和建筑物设计规范（试行）》颁布实施以来，中国相继制定了《无障碍设计规范》《无障碍设施施工验收及维护规范》等国家标准；发布实施《城市公共交通设施无障碍设计指南》《标志用公共信息图形符号第 9 部分：无障碍设施符号》等国家标准。国家民航、铁路、工业和信息化、教育、银行等主管部门分别制定实施了民用机场旅客航站区、铁路旅客车站、网站及通信终端设备、特殊教

育学校、银行等行业无障碍建设标准规范。2012 年，国务院颁布《无障碍环境建设条例》。中共十八大以来，无障碍环境建设立法进一步加强，法律法规和政策措施呈现明显增长的态势。截至 2018 年，全国省、地（市）、县共制定无障碍环境与管理的法规、规章等规范性文件 475 部。

城乡无障碍环境建设由点到面有序推进。"十五"期间，在 12 个城市开展了创建全国无障碍设施建设示范城市活动；"十一五"期间，创建活动扩展到 100 个城市；"十二五"期间，50 个市县获选全国无障碍建设示范市县，143 个市县获选全国无障碍建设创建市县。2015 年 2 月，住房城乡建设部、民政部、中国残联等部门发布了《关于加强村镇无障碍环境建设的指导意见》，推进无障碍环境建设由城市逐步向农村发展。开展无障碍环境市县村镇创建工作。截至 2018 年，全国所有直辖市、计划单列市、省会城市都开展了创建全国无障碍建设城市的工作，开展无障碍建设的市、县达到 1702 个；全国村（社区）综合服务设施中已有 75% 的出入口、40% 的服务柜台、30% 的厕所进行了无障碍建设和改造。政府加快了残疾人家庭无障碍改造进度，2016 年至 2018 年共有 298.6 万户残疾人家庭得到无障碍改造。

信息无障碍建设步伐加快。制定关于信息无障碍的国家技术标准，推动政务和公共服务网站的信息无障碍建设。加强信息无障碍标准体系建设，发布多个国家及行业标准，为残疾人便利使用信息通信设备、获取互联网信息、操纵辅助装置等提供有效标准支撑。推进中国政务网站信息无障碍建设。截至 2018 年，500 多家政府单位完成了信息无障碍公共服务平台建设，3 万多个政务和公共服务网站实现了无障碍服务。将手语和盲文的规范化和推广作为国家义务，《国家中长期语言文字事业改革和发展规划纲要（2012—2020 年）》和《国家语言文字事业改革"十三五"发展规划》将手语和盲文纳入国家语言文字工作总体规划。2018 年，《国家通用手语常用词表》和《国家通用盲文方案》正式颁布实施。全国人民代表大会等重大会议的直播加配手语播报，中央广电总台和部分地方电视台在重要节目中加配手语播报服务。截至 2018 年，全国省、地市级电视台共开设电视手语栏目 295 个，广播电台共开设残疾人专题广播节目 230 个，省、地（市）、县三级公共图书馆共设立盲文及盲文有声读物阅览室 1124 个。对残疾人信息消费给予优惠或补贴。中国残联、工业和信息化部发布《关于支持视力、听力、言语残疾人信息消费的指导意见》，鼓励基础电信企业推出面向特定人群的资费优惠，引导大型互联网企业为从事互联网行业的视力、听力、言语残疾人在技能培训、运营管理、信息共享等方面提供便利。

互联网企业也在提升残疾人网购体验、开放信息无障碍技术、开展职业技能培训等方面提供了一系列服务。

重点领域无障碍建设积极推进。启动到 2035 年交通运输无障碍出行服务体系建设，交通运输部在客运枢纽、高速公路服务区、客运码头、地铁站等交通基础设施以及城市公共汽车电车、地铁等交通工具的设计使用标准中增加无障碍要求。各地积极推广应用无障碍化客运车辆，在公共交通工具上设置"老弱病残"专座，使用低地板公交车和无障碍出租汽车。大部分城市公交车都配备车载屏幕和语音报站系统，部分城市公交车安装了车载导盲系统。多个省份客运设施无障碍建设率达到 100%。铁路部门为 3400 余辆动车组列车设置了残疾人专座，允许盲人携带导盲犬乘坐火车。银行业金融机构改造轮椅坡道和盲道，配置语音叫号系统、叫号显示屏等设备，设立无障碍卫生间和无障碍停车位。邮政部门为重度残疾人提供上门服务，快递行业为聋人客户提供短信服务，盲人读物免费寄送。完善诉讼无障碍设施及服务。大力推进法院接待场所、审判场所的无障碍设施建设，方便残疾人参加诉讼。积极推进信息交流无障碍环境建设，根据案件情况，允许相关辅助、陪护人员陪同残疾当事人出庭。

辅助器具供应和适配服务获得政策支持。2016 年，国务院制定《关于加快发展康复辅助器具产业的若干意见》，对推进辅助器具产业快速发展作出部署。财政部、税务总局、民政部联合发布《关于生产和装配伤残人员专门用品企业免征企业所得税的通知》，免征上述企业的企业所得税，降低伤残人员专门用品的生产成本。各地相继制定辅助器具补贴办法，对购买辅助器具和提供适配服务给予补贴。2018 年，有 319.1 万残疾人获得盲杖、助视器、假肢等各类辅具适配服务。自 1996 年以来，各级政府组织实施"长江新里程计划"假肢服务、彩票公益金辅助器具服务等重点项目，累计为 1500 万人次提供了服务。

残疾人个人行动能力得到提升。公安部不断放宽残疾人申领驾驶证条件，已有 27.9 万肢体、听力等残障人员申领驾驶证。《残疾人航空运输管理办法》要求承运人、机场和机场地面服务代理人为具备乘机条件的残疾人免费提供登机、离机所需要的移动辅助设备。每列火车预留残疾人旅客专用票额。盲人可以免费乘坐市内公交。制定《导盲犬》国家标准。积极发展网络、电话预约出租汽车服务，方便残疾人群体乘车出行。

八、人身自由与非歧视

中国禁止基于残疾的歧视，制定特别保护措施，保护残疾人的生命权和人身自由，保障残疾人平等享有各项公民权利。

残疾人人身权利得到法律严格保护。《中华人民共和国刑法》《中华人民共和国民法总则》《中华人民共和国侵权责任法》《中华人民共和国婚姻法》《中华人民共和国未成年人保护法》《中华人民共和国劳动合同法》《中华人民共和国精神卫生法》《中华人民共和国反家庭暴力法》等相关法律对残疾人的人身权利作出相应规定，对虐待、遗弃、故意伤害残疾人等行为依法予以惩处。《中华人民共和国残疾人保障法》全面具体规定了残疾人人身权利及保障措施。

适时调整相关机制保障残疾人人身自由。废除收容遣送制度，对包括残疾人在内的流浪乞讨人员实行自愿救助；废除对麻风病人实行严格隔离的做法，让患者回归家庭和社区；实施"中央补助地方严重精神障碍管理治疗项目"，严重精神障碍患者登记报告、救治救助、随访服务等已覆盖全国。

加大对侵犯残疾人人身自由犯罪的打击力度。《中华人民共和国残疾人保障法》禁止任何单位和个人以暴力、威胁或者非法限制人身自由的手段强迫残疾人劳动。为切实保障残疾人人身自由和安全，刑法修正案（六）增加"强迫组织残疾人、儿童乞讨罪"，刑法修正案（九）增加对残疾人负监护、看护职责的人虐待残疾人，情节恶劣的，要承担刑事责任条款。最高人民检察院等部门发布《关于在检察工作中切实维护残疾人合法权益的意见》，要求对强迫智力残疾人劳动、拐卖残疾妇女儿童等违法犯罪行为依法从重打击。公安部开展整治强迫、诱骗未成年残疾人流浪乞讨和强迫、拐骗聋哑青少年违法犯罪行为专项行动。人力资源社会保障部开展整治非法用工专项行动。最高人民法院、中国残联联合发布《关于在审判执行工作中切实维护残疾人合法权益的意见》等规范性文件，对侵害残疾人权益的犯罪行为，依法严厉惩处，切实保护残疾人的人身财产安全。

立法禁止基于残疾的歧视。法律法规对反歧视和合理便利作出具体规定。2007年制定的《中华人民共和国就业促进法》明确规定，用人单位招用人员，不得歧视残疾人。2008年修订的《中华人民共和国残疾人保障法》明确了反歧视原则：禁止基于残疾的歧视，禁止侮辱、侵害残疾人，禁止通过大众传播媒介或者其他方式贬低损害残疾人人格。2010年以来，制定《中华人民共和国精神卫生法》《残疾预防和残疾人康复条例》《残疾人航空运输管理办法》以及修订《残疾人教育条例》《残疾人就业条例》等相关法律法规，增加了不歧视的内容，并对不歧视作出具体规定。

九、营造良好社会环境

中国倡导社会主义核心价值观和"平等、参与、共享"的理念，弘扬中华民族传统美德和人道主义精神，培育全社会扶残助残意识，形成关爱残疾人、关心残疾人事业的良好社会风尚。

残疾人文化事业欣欣向荣。《中华人民共和国公共文化服务保障法》和《"十三五"推进基本公共服务均等化规划》均载入残疾人文化服务项目，将残疾人文化事业纳入国家公共文化服务体系。各地采取措施确保残疾人以无障碍方式获得文化产品和服务，欣赏电视、电影、戏剧等文化作品。文化和旅游部与中国残联连续多年在全国开展残疾人文化周活动，2018年120余万残疾人参与该活动。各类残疾人艺术团体快速发展，全国各类残疾人艺术团体已有283个，残疾人文化艺术从业人员近30万名。"共享芬芳 共铸小康"公益巡演展览活动启动三年以来，共有17万余人参加。每四年举办一届全国残疾人艺术汇演，截至2017年，共举办9届，每届参与的残疾人达10多万人。中国残疾人艺术团出访100个国家和地区进行交流演出，被联合国教科文组织指定为"联合国教科文组织和平艺术家"，《千手观音》节目享誉世界。2011年至2018年，中央财政投入近1200万元，在城市社区实施"残疾人文化进社区"项目，为社区设立"残疾人书架"，配备文化活动用品。在"农家书屋"工程中把为残疾人服务的图书列入采购书目。实施文化进残疾人家庭"五个一项目"，支持中西部和农村地区10万户贫困、重度残疾人家庭每年读一本书、看一次电影、游一次园、参观一次展览、参加一次文化活动。建成融多种功能于一体的中国盲文图书馆，组织实施盲人数字阅读推广工程。

残疾人体育事业蓬勃发展。残疾人健身体育、康复体育和竞技体育全面发展。2011年，启动残疾人自强健身工程，提高残疾人体育健身指导服务能力和服务水平。自2011年起，体育总局支持中国残联开展残疾人社会体育指导员培训，截至2017年，共培养10.4万名社会体育指导员。各级政府和组织加大经费投入，为各类残疾人开辟日常体育活动场所。2017年，各地残疾人文化体育活动场所达到9053个。成功举办上海特奥会、北京残奥会和广州亚残运会，成功申办2022年冬季残奥会；共参加9届夏季残奥会，1337名运动员参加，获得433块金牌、339块银牌、250块铜牌，打破261项世界纪录，实现金牌榜4连冠；参加4届冬季残奥会，55名运动员参加，在2018年平昌冬残奥会上实现冬季项目金牌零的突破。积极参加国际听障奥运会和特奥会。

助残社会组织逐步壮大。2012年以来，中央财政每年划拨专项资金支持社会组织参与社会服务，其中残疾人社会服务是重点领域之一。推进社会组织"放管服"改革，支持社区社会组织承接社区公共服务和基层政府委托事项，完善国家对助残社会组织的税收优惠政策。助残社会组织的数量迅速增长。截至2017年，各地民政部门共登记助残社会组织6200余个，包括1500余个社会团体、4600余个民办非企业单位和约100个基金会。

扶残助残社会风尚基本形成。中国政府网站开设残疾人信息与服务专栏，报刊、广播、电视和网络等新闻媒体广泛报道残疾人生活和事务，促进尊重残疾人的尊严和权利，消除对残疾人的偏见和歧视，形成理解、尊重、帮助残疾人的社会氛围。自1991年设立全国助残日（每年5月第三个星期日）以来，已开展29次全国助残日活动。每年开展"牵着蜗牛去散步"等公益系列活动，各类公益慈善组织、志愿者服务组织开展了形式多样的面向残疾儿童的公益活动。举办残疾人运动会、文艺汇演、职业技能竞赛等大型活动，展示残疾人自强不息的精神风貌。开展百家图书馆、百家媒体、百家博物馆、百家出版社等文化公益助残活动，提升全社会对残疾人的关注。在中小学生中开展"红领巾手拉手助残"行动；在高校学生和广大青年中开展中国青年志愿者助残"阳光行动"；成立中国助残志愿者协会，整合凝聚社会力量推进志愿助残服务。

残疾人精神和贡献获得社会褒扬。残疾人积极投身于国家建设，努力实现自身价值，并为社会做出贡献。他们中涌现出一大批自强不息、奋发有为的先进人物，获得"全国劳动模范""全国三八红旗手"等称号。国家和地方表彰了一大批残疾人自强模范，授予"自强模范""助残先进个人""助残先进集体"等称号。召开6次全国自强模范暨助残先进表彰大会，表彰919个"全国自强模范"、1117个"全国助残先进集体"和"全国助残先进个人"。

十、对外交流与国际合作

积极开展残疾人事务国际交流与合作，增进国际社会对中国残疾人事业的理解与支持，促进国际残疾人事业的发展与进步。

认真履行条约义务。中国认真履行《残疾人权利公约》缔约国责任和义务。根据《残疾人权利公约》规定，2010年提交第一次履约报告，并接受联合国残疾人权利委员会审议，2018年提交第二、三次合并履约报告。中国是《经济、社会及文化权利国际公约》等核心人权公约的缔约国，公约所确定的残疾人权利得到普遍尊重和保障。中国还批准了国际劳工组织《（残疾人）职业康复和就业公约》，于2015年提交了最新一次履约报告。

主动承担国际责任。中国积极主动向联合国、有关国际残疾人组织和发展中国家提供力所能及的资金、技术和物资支持，向埃塞俄比亚、布隆迪、蒙古等十多个国家捐赠残疾人辅助器具，向东南亚海啸受灾国捐赠救灾款物并向残疾人定向捐赠，向国际残奥委会发展基金捐款，为亚太经济合作组织成员经济体和非洲国家残疾人提供能力建设培训。2016年，中国残联主席张海迪就任康复国际主席。资助建立康复国际非洲基金和康复国际全球残疾人事务发展基金。

积极推动国际残疾人事务发展。中国是制定《残疾人权利公约》的积极倡导者和参与者，推动将残疾人事务纳入联合国2030年可持续发展议程，促成建立亚太经济合作组织、亚欧会议、中国—东盟博览会等框架下残疾人事务合作机制，积极开展"一带一路"残疾人领域合作。在联合国亚洲及太平洋经济社会委员会（简称"联合国亚太经社会"）的支持下，首倡发起"亚太残疾人十年"活动。与联合国亚太经社会共同主办2013—2022亚洲及太平洋残疾人十年中期审查高级别政府间会议，通过《北京宣言和行动计划》。举办亚欧会议框架下残疾人合作暨全球辅助器具产业发展大会。积极参加并承办与残疾人相关的国际研讨会议、国际残疾人艺术节、国际残疾人职业技能竞赛，多次参加国际残奥会。

残疾人权益保障获得国际赞誉。中国残疾人权益保障的成就和经验得到国际社会积极评价。2003年，时任中国残联主席邓朴方获"联合国人权奖"，成为历史上首获此奖的中国人和残疾人。2012年，中国残联主席张海迪获联合国亚太经社会"亚太残疾人权利领袖奖"。2016年，中国举办纪念《残疾人权利公约》通过十周年大会，时任联合国秘书长潘基文出席，对中国残疾人人权保障给予高度评价。

结束语

中国残疾人事业发展仍然不平衡、不充分，滞后于全国经济社会发展总体水平。残疾人生活状况与残疾人对美好生活的期待相比依然存在较大差距，反对基于残疾的歧视还需要长期努力。充分保障残疾人平等权益，全面促进残疾人融合发展依然任重道远。

残疾人是一个特殊困难的群体，需要全社会给予充分的尊重、关心和帮助。中国将不断完善残疾人权益保障机制，努力消除基于残疾的歧视，切实尊重和保障残疾人的人权，增进残疾人福祉，增强残疾人自我发展能力，推进残疾人平等参与发展进程、平等分享发展成果。

在以习近平同志为核心的党中央坚强领导下，在决胜全面建成小康社会、夺取新时代中国特色社会主义伟大胜利、实现中华民族伟大复兴的中国梦的新征程中，中国将把保障残疾人权益、促进残疾人全面发展和共同富裕作为重要使命和奋斗目标，努力开创新时代残疾人事业发展的新局面。

附录二：北京市实施《中华人民共和国残疾人保障法》办法

第一章　总　则

第一条　为了实施《中华人民共和国残疾人保障法》，结合本市实际情况，制定本办法。

第二条　残疾人在政治、经济、文化、社会和家庭生活等方面享有与其他公民平等的权利。

残疾人的公民权利和人格尊严受法律保护。

禁止基于残疾的歧视。禁止侮辱、虐待、遗弃、侵害残疾人。禁止通过大众传播媒介或者其他方式贬低损害残疾人人格。

第三条　本市推进残疾人社会保障体系和服务体系建设，对残疾人给予特别扶助，减轻或者消除残疾影响和外界障碍，保障残疾人权利的实现，提升为残疾人服务的水平。

第四条　市和区、县人民政府应当加强对残疾人事业的领导，制定专项发展规划，将残疾人事业纳入国民经济和社会发展规划，将残疾人事业所需经费列入财政预算并随国民经济发展和财政收入增长逐步增加，促进残疾人事业与经济、社会协调发展。

市和区、县人民政府残疾人工作机构应当组织、协调、指导、督促有关部门做好残疾人事业的工作，监督检查有关法律、法规、政策、规划的实施，建立和完善残疾人基础数据信息系统，研究解决残疾人工作中的重大问题。

发展改革、民政、卫生、教育、财政、人力资源和社会保障、统计等政府有关部门应当按照各自的职责开展残疾人权益保障工作，做好残疾人事业发展规划的实施监测、评估和残疾人的统计工作。

乡镇人民政府和街道办事处应当明确相关机构和人员负责本辖区内残疾人权益保障工作。

第五条　本市各级残疾人联合会代表残疾人共同利益，维护残疾人合法权益，团结教育残疾人，为残疾人服务。

残疾人联合会依照法律、法规、章程或者接受政府委托开展残疾人工作，参与与残疾人事业有关的社会管理和公共服务，动员社会力量，发展残疾人事业。

市和区、县残疾人联合会根据政府授权负责联系、指导、管理面向残疾人服务的社会组织，提供相关服务，做好残疾人工作。

第六条　居民委员会、村民委员会应当协助政府及有关部门开展残疾人权益保障和服务工作，反映残疾人的特殊需求，组织残疾人开展文化体育等有益活动。

第七条　本市各级人民政府应当保障残疾人依法参与管理国家事务，管理经济和文化事业，管理社会事务。

本市各级人民代表大会代表候选人中应当有残疾人或者残疾人工作者。

残疾人和残疾人组织有权向本市各级国家机关提出残疾人权益保障、残疾人事业发展等方面的意见和建议。制定地方性法规、规章和公共政策时，对涉及残疾人权益和残疾人事业的重大问题，应当听取残疾人和残疾人组织的意见。

本市逐步建立和完善残疾人干部培养、选拔机制。

第八条　全社会应当发扬人道主义精神，理解、尊重、关心、帮助残疾人，支持残疾人事业。

本市采取公办民营、民办公助、政府补贴和政府购买服务等方式，鼓励和支持各类社会组织、企业、个人兴办残疾人康复、教育、托养、无障碍信息交流等服务机构和项目，发展残疾人服务业。

鼓励社会组织和个人以向残疾人福利基金会等慈善机构捐赠等形式参与残疾人事业，开展社会公益活动，为残疾人提供便利和服务。

彩票公益金应当按照国家和本市规定用于发展残疾人事业。

支持志愿服务组织参与残疾人事业，鼓励志愿者学习、掌握相应的知识和技能，为残疾人提供志愿服务。志愿者可以依照有关规定享受志愿者权益。

第九条　鼓励残疾人自尊、自信、自强、自立，为社会主义建设贡献力量。

残疾人应当遵守法律、法规，履行应尽的义务，遵守公共秩序，尊重社会公德。

第十条　本市各级人民政府应当建立健全出生缺陷和残疾预防体系，有计划地开展残疾预防工作，宣传普及母婴保健和预防残疾的知识，完善产前检查制度，针对遗传、疾病、药物、事故、灾害、环境污染和其他致残因素，组织和动员社会力量，采取措施，预防残疾的发生和发展。

第十一条　申请残疾评定的人员应当按照本市有关规定到户籍所在地居民委员会或者村民委员会领取残疾评定申请表，并到区、县卫生行政部门会同残疾人联合会确定的医疗机构进行医学诊断；区、县残疾评定委员会根据医学诊断结果作出残疾评定结论。申请残疾评定人员对区、县残疾评定委员会作出的残疾评定结论有异议的，可以向市残疾评定委员会申请复查。经评定符合国务院规定的残疾标准的人员，由区、县残疾人联合会核发残疾人证。

居民委员会、村民委员会、有关医疗机构及残疾人联合会应当为残疾人申请残疾评定提供便利和服务。

残疾人凭残疾人证享受国家和本市规定的相关福利待遇。

第十二条　本市各级人民政府和有关部门对在社会主义建设中做出显著成绩的残疾人，以及在维护残疾人合法权益、发展残疾人事业、为残疾人服务等方面取得显著成绩的单位和个人，给予表彰和奖励。

第二章　康　复

第十三条　各级人民政府和有关部门应当将残疾人康复纳入基本医疗卫生制度和基层医疗卫生服务体系，建立和完善以社区康复为基础、康复机构为骨干、残疾人家庭为依托的残疾人康复服务体系，保障残疾人享有康复服务的权利。

市卫生、民政、教育、质量技术监督等行政部门和残疾人联合会应当制定和完善残疾人康复技术和服务规范，实行规范化管理，保障残疾人得到有效的康复服务。

第十四条　社区卫生服务机构应当按照设置标准配备康复基本设施和专业人员，开展康复工作。卫生等相关部门负责对社区康复工作进行检查、指导和评估。

民政、人口计生行政部门和残疾人联合会应当指导社区服务组织、计划生育服务站、社区残疾人组织、残疾人家庭和其他社会力量，为残疾人提供社区康复服务。

第十五条　市和区、县人民政府应当组织卫生等行政部门和残疾人联合会编制康复机构建设发展计划，建立公益性康复机构；鼓励、扶持社会组织和个人兴办残疾人康复机构。

卫生行政部门应当指导医疗机构设立康复医学科室，开展康复医疗与训练、人员培训、技术指导、科学研究等工作。

残疾人教育机构、福利性单位和其他为残疾人服务的机构应当创造条件，开展康复训练活动。

第十六条　从事康复工作的机构应当具备与开展康复服务相适应的场地、设备、设施和专业人员，并按照残疾人康复技术服务规范开展康复服务。

第十七条　公益性康复机构、社区卫生服务机构等康复机构应当对实施家庭康复的残疾人及其家属、志愿者给予技术指导、培训和支持。

第十八条　各级人民政府应当创造条件，优先开展残疾儿童抢救性治疗和康复。

卫生行政部门应当将儿童残疾的早期监测、发现、转诊和干预纳入市和区、县及基层卫生服务机构三级保健网，组织医疗机构建立儿童残疾早期报告制度。

对零至六周岁残疾儿童免费提供早期筛查、诊断、康复训练、辅助器具适配等抢救性康复服务。

第十九条　市和区、县人民政府应当建立健全残疾人辅助器具服务体系，支持辅助器具产品研发和产业发展。

残疾人辅助器具服务机构应当组织开展辅助器具的适配评估、供应、配发、维修、改造和信息咨询等服务。

第二十条　市人民政府应当根据国家有关规定和本市实际情况确定向残疾人免费提供的基本公共卫生服务项目。

残疾人医疗康复服务按照国家和本市有关规定纳入基本医疗保障范围。

残疾人接受基本康复服务，配置和更换辅助器具，按照本市有关规定享受救助或者补贴。

对重性精神疾病患者实行基本药物免费制度。重性精神疾病患者基本药物费用中由基本医疗保险基金支付以外的个人负担部分，由政府给予全额补贴。具体办法由市卫生行政部门会同财政、人力资源和社会保障、民政等行政部门和市残疾人联合会制定。

第二十一条　卫生、民政、教育等行政部门和残疾人联合会应当完善培养机制，采取多种形式培养各类康复专业人才，对从事康复工作的人员定期进行技术培训，鼓励卫生专业人员和社会工作者从事残疾人康复工作。

教育行政部门应当指导各类医学院校和其他有关院校增设康复课程，设置相关专业，开展康复科学研究与教学。

第三章　教　育

第二十二条　市和区、县人民政府应当将残疾人教育作为本市教育事业的组成部分，统一规划，采取措施，完善残疾人教育体系，加强残疾人学前教育、高级中等以上教育机构建设，开展教育督导和评估，保障残疾人享有平等接受教育的权利。

第二十三条　市和区、县教育、规划行政部门和残疾人联合会应当会同发展改革、民政、财政、人力资源和社会保障、卫生等行政部门制定残疾人教育规划并组织实施。

市教育行政部门应当制定和完善特殊教育机构的办学标准和残疾人教育评估标准。

随班就读残疾学生生均公用经费标准按照特殊教育学校生均标准执行。

第二十四条　本市普通幼儿教育机构应当接收能适应其生活的残疾儿童。

市和区、县人民政府应当支持特殊教育机构设立残疾儿童学前班。

支持、鼓励社会公益性组织兴办招收残疾儿童的幼儿园、启智班等，对残疾儿童进行心理康复、智力开发、行走定向及听力、视力、言语、肢体等功能训练。

残疾人康复机构、社会福利机构应当保障机构内的残疾儿童接受学前教育。

第二十五条　实施义务教育的学校必须招收能适应学校学习生活的残疾儿童、少年入学。对不能随班就读的残疾儿童、少年，教育行政部门应当根据需要在普通学校附设特殊教育班或者组织到特殊教育学校就读。对义务教育年龄段内不能到学校就读的重度和多重残疾儿童、少年，教育行政部门应当建立统一的学籍管理制度，组织开展送教上门服务。

第二十六条　普通高级中等学校、中等职业学校和高等院校应当按照国家和本市有关规定，允许符合条件的残疾人报考，对达到录取标准的，必须录取，不得拒收。

普通高级中等学校、中等职业学校和高等院校应当通过随班就读或者附设的特殊教育班，对残疾人实施文化教育和职业教育。

高级中等以上特殊教育机构应当根据残疾人特点开展职业教育。

第二十七条　各级人民政府和有关部门应当健全和完善扶残助学制度，对残疾学生及经济困难的残疾人家庭的子女接受学校教育给予资助。

本市逐步实行残疾人免费接受高级中等普通教育和职业教育。

第二十八条　对残疾人实施教育的机构应当根据需要聘用专业教师，配备必要的康复、技术设备和无障碍设施，方便残疾学生学习和生活。

教育行政部门应当根据实际情况为残疾人参加国家各类升学考试提供大字试卷、盲文试卷等便利条件或者组织专门服务人员予以协助；鼓励和支持教育机构通过远程教育等方式为残疾人接受教育提供便利。

第二十九条　教育行政部门应当有计划地举办特殊教育师范院校，在普通师范院校开设特殊教育专业，培养、培训特殊教育师资。普通师范院校应当开设特殊教育课程，使普通教师掌握必要的特殊教育知识。

从事特殊教育的教师及从事聋人手语、盲文翻译的专业工作人员，按照国家和本市的有关规定给予特殊教育津贴。对承担随班就读工作的教师给予岗位补助。对从事特殊教育满十年的，发给荣誉证书，累计十五年以上并从特殊教育岗位退休的，其享受的特殊教育津贴计入退休费的计算基数。

本市建立和完善特殊教育教师持证上岗、培训考核、职称评定和表彰奖励制度。

第四章　劳动就业

第三十条　各级人民政府应当将有劳动能力和就业愿望的残疾人纳入就业困难群体范围，按照集中与分散相结合的方针，给予优惠扶持和特殊保护，创新就业方式，多渠道、多层次、多种形式促进残疾人就业，保障残疾人的劳动权利。

市和区、县人民政府残疾人工作机构应当统筹协调人力资源和社会保障、民政、农村工作等行政部门及残疾人联合会制定和实施残疾人就业规划，加强对残疾人就业情况的监督，做好残疾人就业工作。

第三十一条　机关、团体、企业事业单位、民办非企业单位等各类用人单位应当根据国家和本市有关规定履行安排残疾人就业的义务，按照不少于本单位在职职工总数 1.7% 的比例安排残疾人就业。

本市国家机关、事业单位、国有及国有控股企业安排残疾人就业未达到规定比例的，招录工作人员时应当单列一定数量的岗位，依照公开、平等、竞争、择优的原则和程序定向招录符合岗位要求的残疾人。

用人单位应当按照有关规定定期向所在区、县残疾人就业服务机构申报安排残疾人就业情况。达不到规定比例的用人单位，应当缴纳残疾人就业保障金。

残疾人就业保障金应当用于残疾人职业培训及为残疾人提供就业服务和就业援助。残疾人就业保障金的征缴、管理、使用，按照国家和本市有关规定执行。

第三十二条　政府和社会举办残疾人福利企业、盲人按摩机构等残疾人福利性单位，集中安排残疾人就业。

民政部门及有关行政部门应当组织确定适合残疾人生产、经营的产品、项目，由残疾人福利性单位优先生产或者经营，并根据生产特点确定某些产品由其专产。

政府采购在同等条件下优先购买残疾人福利性单位的产品或者服务。

鼓励社会组织和个人购买残疾人福利性单位的产品或者服务。

第三十三条　本市对安排残疾人就业达到、超过规定比例的用人单位或者集中安排残疾人就业的残疾人福利性单位和从事个体经营的残疾人，符合国家和本市有关规定的，给予税收优惠；区、县人民政府和民政、规划等有关行政部门应当在生产、经营、技术、资金、物资、场地等方面给予协调和扶持。

用人单位安排残疾人就业的，按照规定享受岗位补贴和社会保险补贴。对安排残疾人就业超过规定比例的用人单位，按照规定给予奖励。

残疾人自主创业从事经营活动的，享受资金扶持、社会保险补贴和信贷支持。

第三十四条　由政府投资或者扶持开发的公益性岗位，应当根据岗位性质和残疾人特点，优先安排残疾人就业。

各级人民政府和有关部门应当开发适合残疾人特点的公益性岗位，按照合理、就近、便利的原则安置残疾人就业。

第三十五条　各级人民政府和有关部门、农村基层组织应当采取措施，扶持农村残疾人开展生产劳动，在生产服务、技术指导、农用物资供应、农副产品销售和信贷等方面给予帮助。

鼓励有条件的经济实体或者农村经济合作组织，采取建设助残基地等多种形式，扶持农村残疾人开展生产劳动。

第三十六条　市和区、县人民政府应当统一规划，在社区组织建设残疾人职业康复劳动服务设施和庇护性劳动场所，安置智力残疾人、稳定期的精神残疾人。

支持社会组织和个人兴办残疾人职业康复劳动设施或者为残疾人提供合适的职业康复劳动项目。

残疾人进行职业康复劳动和其他庇护性劳动的机构和场所应当建立安全管理制度，聘用的工作人员应当经过岗前业务培训，具备相应的专业知识。

第三十七条　用人单位应当合理安排残疾职工的工种和岗位，创造适合残疾人工作的无障碍环境，提供残疾职工必需的安全生产条件，对确需调整工种或者岗位的残疾职工应当妥善安置。

第三十八条　用人单位录用残疾职工，应当签订劳动合同或者聘用合同。

职工一方与用人单位经平等协商，可以就残疾职工的特殊保障签订集体合同。

第三十九条　本市健全残疾人职业能力评估、职业培训、职业介绍等就业服务制度。

政府举办的公共就业服务机构和各级残疾人联合会所属的残疾人就业服务机构应当免费为残疾人提供职业培训、岗位推荐等就业服务，并为用人单位提供残疾人就业信息，指导、帮助用人单位安排残疾人就业。鼓励、支持社会就业服务机构为残疾人提供职业介绍等服务。

用人单位应当根据本单位残疾职工的实际情况，对残疾职工进行上岗、在岗、转岗等培训，提高其劳动技能和技术水平。在职残疾人参加职业培训按照有关规定享受补贴。

第五章　文化生活

第四十条　各级人民政府和有关部门应当创造条件，鼓励、帮助残疾人参加各种文化、体育、娱乐活动，保障残疾人基本公共文化权益。

政府应当提供适应残疾人特殊需要的公共文化服务和产品。

第四十一条　政府和社会采取下列措施，丰富残疾人精神文化生活：

（一）组织和扶持盲人读物、盲人有声读物及其他残疾人读物的编写和出版，根据盲人的实际需要在公共图书馆设立盲人读物、盲人有声读物图书室。

（二）公共媒体设置反映残疾人事业发展、残疾人生活的栏目，安排促进残疾人事业的公益广告。开办电视手语节目，开办残疾人专题广播栏目，推进电视栏目、影视作品加配字幕、解说。

（三）开发推广残疾人群众性文化、体育项目，举办特殊艺术演出和残疾人运动会。

（四）文化、体育、娱乐和其他公共活动场所应当为残疾人参与活动提供方便和照顾。

（五）公园、旅游景点、图书馆、美术馆、展览馆、博物馆、纪念馆、文化馆、体育场馆等公共文化体育场所，应当按照规定免费向残疾人开放，并提供辅助性服务。

第四十二条　鼓励和支持残疾人进行文化、艺术、科技等方面的创作、发明，扶持残疾人文化艺术产品生产。

第四十三条　机关、团体、企业事业单位应当支持、鼓励、组织本单位残疾人参加文化、体育、娱乐活动。残疾人参加区、县级以上组织的文艺、体育活动，所在单位应当支持，保证其工资和福利待遇不受影响；无工作单位的，由组织单位给予适当补助。

第六章　社会保障

第四十四条　本市按照重点保障和特别扶助的原则，完善残疾人社会保障，改善残疾人生活。

第四十五条　残疾职工及其所在单位应当依法参加社会保险。

本市对残疾人参加城乡居民养老保险、城镇居民基本医疗保险、新型农村合作医疗给予补贴。

第四十六条　本市建立对残疾人参加公共活动和接受公共服务的意外伤害保险制度。

第四十七条　市和区、县人民政府及有关部门对城乡低收入家庭中的残疾人在生活、教育、住房等方面遇到的困难，给予及时救助。

本市完善城乡最低生活保障制度，按照分类救助原则，适当提高城乡重度残疾、一户多残、老残一体等特殊困难对象的救助标准。

对符合条件的重度残疾人家庭优先配租、配售保障性住房，并对行动不便的残疾人家庭予以照顾。在保障性住房项目中应当有无障碍设计并专门设计建造部分适合残疾人生活、居住的住房。实施农村住房救助时，应当优先安排符合救助条件的农村残疾人家庭。

规范和完善临时救助政策，对城乡经济困难家庭中的残疾人在生活、医疗、教育等方面遇到的困难给予及时救助。

第四十八条　各级人民政府应当积极发展残疾人社会福利事业，建设残疾人福利服务设施，根据本地区经济社会发展水平，逐步提高残疾人福利水平。

本市根据残疾人的残疾程度和就业及收入状况，建立残疾人生活补贴制度。

对生活不能自理的残疾人，市和区、县人民政府根据实际情况给予护理补贴。

第四十九条　各级人民政府和有关部门应当统一规划，整合资源，利用社会福利机构为残疾人提供托养服务，并有计划地设立专门的残疾人托养机构。

乡镇人民政府、街道办事处应当利用社区资源建立综合服务平台，为残疾人提供就业、康复、日间照料、文化娱乐、体育健身等服务。

民政、社会建设部门和残疾人联合会可以通过购买服务等方式为残疾人提供生活照料、家政服务、康复护理等居家服务。

第五十条　市人民政府及有关部门在制定老年人优待政策时，应当充分考虑老年残疾人的特殊需要，在托养、医疗、居家服务等方面给予照顾和特别扶助。

第五十一条　铁路、民航、公路等交通部门和卫生医疗机构、公用事业、商业等单位应当为残疾人提供优先服务和辅助性服务。

残疾人持有效证件免费乘坐本市公共汽车、电车，盲人持有效证件免费乘坐本市公共汽车、电车、地铁。残疾人搭乘公共交通工具，其随身必备的辅助器具可以免费携带。盲人读物邮件免费寄递。

鼓励和支持提供电信、广播电视服务的单位对盲人、听力残疾人、言语残疾人给予优惠。

第七章　无障碍环境

第五十二条　各级人民政府应当对无障碍环境建设进行统筹规划和管理，逐步推进无障碍环境建设的系统化、科学化；鼓励和支持无障碍技术产品的研发、推广和应用。

第五十三条　本市新建、扩建和改建公共建筑、居住建筑、城市道路和居住区内道路、公共服务设施的建设单位，应当按照国家和本市有关规定建设无障碍设施。

各级人民政府和有关部门应当有计划地在残疾人集中的企业、学校、居住区、公共服务机构进行无障碍设施改造，支持残疾人家庭进行无障碍设施改造。

有关部门和单位应当加强无障碍设施的管理、保护和维修，保证设施完好和安全使用。

第五十四条　政府应当推动适合残疾人使用的信息交流无障碍技术和产品研发。

政府及有关部门公开政务信息应当采取信息无障碍措施，方便残疾人获取信息。

公共服务机构、公共场所应当在必要的服务区域创造条件，为残疾人提供语音和文字提示等信息交流服务；有条件的应当提供手语服务。

第五十五条　政府有关部门应当逐步增加无障碍公交车、出租车的数量，为残疾人出行提供方便。公交车应当配备字幕、语音报站系统并保持正常使用。

运营单位购置、改装无障碍公交车、出租车的，政府有关部门应当给予支持。

第五十六条　各级人民政府和有关部门应当依法为残疾人办理各项车务手续、使用残疾人专用车辆提供便利。

公共停车场应当依据城市道路和建筑物无障碍设计规范，在方便通行的区域按照停车位总数2%的比例设置无障碍停车位，比例不足一个的至少应当设置1个无障碍停车位。公共停车场应当设置无障碍停车位显著标志，并采取必要措施加强对无障碍停车位使用的管理。公共停车场管理人员在残疾人停放机动车时，应当进行引导，并提供必要的便利服务。

残疾人持公安机关交通管理部门核发的残疾人专用通行证驾驶残疾人本人专用车辆在本市各类非居住区停车场停放时，免收停车费。

第八章　法律责任

第五十七条　残疾人联合会对有关单位未依法履行残疾人权益保障义务的行为，应当向有关部门提出意见或者建议。有关部门对残疾人联合会提出的意见或者建议应当按照规定调查处理，并及时将处理情况书面告知残疾人联合会。

第五十八条　行政机关及其工作人员未按照本办法规定履行法定职责或者滥用职权的，由上级行政机关或者监察部门责令改正；对直接负责的主管人员和其他直接责任人员依法给予行政处分；构成犯罪的，依法追究刑事责任。

第五十九条　对在残疾评定过程中弄虚作假或者不依法核发残疾人证的，由所在单位或者主管部门予以批评教育或者行政处分；违反行政管理规定的，依法给予行政处罚；构成犯罪的，依法追究刑事责任。

第六十条　拒不招收符合条件的残疾人入学，在国家规定的录取标准以外附加条件限制残疾学生入学或者其他侵犯残疾人受教育权的，由上级机关或者有关主管部门对责任单位给予批评教育并责令限期改正；对拒不改正的，由其上级机关或者所在单位给予直接责任者行政处分。

第六十一条　用人单位违反本办法，有下列情形之一的，由人力资源和社会保障等行政部门责令改正，并依法承担相应的法律责任：

（一）无正当理由拒不安排残疾人就业的；

（二）无正当理由解除或者终止与残疾职工签订的劳动合同、聘用合同的；

（三）未依法为残疾人缴纳社会保险费的；

（四）其他侵犯残疾人劳动权益的。

第六十二条　用人单位未按照规定缴纳残疾人就业保障金的，由财政部门给予警告，责令限期缴纳；逾期仍不缴纳的，除应当补缴欠缴数额外，还应当自欠缴之日起，按日缴纳5‰的滞纳金。

对未按规定履行按比例安排残疾人就业和缴纳残疾人就业保障金义务的，由市人民政府残疾人工作机构建立用人单位信用信息系统，并根据规定向社会公示。

第六十三条　违反本办法规定侵犯残疾人的合法权益，其他法律、法规规定行政处罚的，从其规定；造成财产损失或者其他损害的，依法承担民事责任；构成犯罪的，依法追究刑事责任。

第九章　附　则

第六十四条　实施本条例需要制定配套规章或者其他具体办法的，由市人民政府或者有关行政部门研究制定并发布实施。

第六十五条　本办法自2012年3月1日起施行。

附录三：关于贯彻落实《北京市市民居家养老（助残）服务（"九养"）办法》的意见

各区县民政局、残联、老龄办、发展改革委、财政局、人力社保局、规划分局、住房城乡建设委、卫生局、社会办、地税局、精神文明办、团委：

为落实《北京市人民政府办公厅转发市民政局市残联关于北京市市民居家养老（助残）服务（"九养"）办法的通知》（京政办发〔2009〕104号），做好本市市民居家养老（助残）服务工作，提出如下意见：

一、指导思想

以邓小平理论和"三个代表"重要思想为指导，深入贯彻落实科学发展观，围绕"人文北京、科技北京、绿色北京"的要求，坚持"政府主导、部门协作、社会参与、个人自愿"的原则，构建以家庭为基础、社区为依托、政策保障为主导、社会化运作为方向的居家养老（助残）服务体系，完善本市"9064"（90%的老年人居家养老、6%的老年人在社区养老、4%的老年人集中养老）养老服务模式，提升老年人、残疾人的社会福利水平和生活质量，促进和谐社会建设。

二、工作原则

坚持以人为本的原则。从老年人、残疾人最关心的现实问题和最迫切的服务需求出发，为老年人和残疾人提供方便、快捷、多样化、人性化的服务，帮助老年人、残疾人解决居家生活困难。

坚持城乡一体的原则。充分考虑城乡老年人和残疾人的特点及需求，把适度普惠和困难帮扶有机结合起来，使城乡居民均能享受改革开放的成果。逐步形成城乡一体、覆盖全体老年人和残疾人的居家养老（助残）服务体系。

坚持统筹兼顾的原则。将居家养老（助残）服务工作纳入经济社会发展规划中统筹安排，促进养老（助残）服务事业全面、协调、可持续发展；统筹养老工作与助残工作，兼顾实施"再就业工程"，促进社会和谐。

坚持属地管理的原则。充分利用辖区内的公共资源，发挥城乡社区（村）的自治优势，做好老年人和残疾人的各项管理、服务工作，实现政府依法行政与社区（村）依法自治的有效衔接，共同将辖区内的居家养老（助残）服务工作落实到位。

三、工作任务

（一）建立万名"孝星"评选表彰制度

为弘扬孝敬父母、关爱老年人的传统美德，促进公民思想道德建设和社会主义精神文明建设，在全市开展万名"孝星"评选表彰活动。活动采取基层初选、逐级上报和两级表彰的方式，在全市范围内，推选出 10000 名尊老、敬老、爱老、助老、孝老的"孝星"，对既能弘扬孝亲敬老的传统美德，又能体现关爱老年人、共建和谐时代精神的先进人物和典型事迹，组织新闻媒体进行广泛深入的宣传推广，积极营造良好的社会风尚。凡北京市辖区内，孝敬赡养家中老年人、帮扶照顾孤寡老年人、在为老服务工作岗位上有突出贡献、关心老年人精神生活、积极维护老年人合法权益、热心老年公益事业等方面事迹突出的社会各界人员，均可参加"孝星"评选。每年一、二季度进行城乡社区（村）推荐和街道（乡镇、地区办事处）初选，三季度完成区县评选、表彰、上报，四季度完成市级审定，并于重阳节期间进行全市表彰和奖励。

（二）建立居家养老（助残）券服务制度和百岁老年人补助医疗制度

为满足老年人和残疾人在生活照料、家政服务、康复护理、心理慰藉等方面的基本生活需求，向符合条件的老年人、残疾人发放养老（助残）券。具有本市户籍的 80 周岁及以上老年人、60 至 79 周岁重度残疾人（持第二代《中华人民共和国残疾人证》，残疾程度为一级、二级的视力残疾人和肢体残疾人以及残疾程度为一级、二级、三级的智力残疾人和精神残疾人，下同）、16 至59 周岁无工作重度残疾人（由居委会、村委会提供未就业证明）均可在居住地申请每月 100 元的居家养老（助残）券，人户分离人员须提交未在户籍所在地享受居家养老（助残）服务补贴的证明。领取养老（助残）券后，居住地变更时，凭原居住地证明和养老（助残）券到现居住地街道（乡镇、地区办事处）主管部门进行变更登记。试点区已按《北京市民政局北京市财政局关于印发＜北京市特殊老年人养老服务补贴办法（试行）＞的通知》（京民福发〔2008〕335 号）享受补贴的人员继续按原标准执行，补贴标准低于本办法的按本办法执行。居家养老（助残）券由市老龄办统一印制；由区县主管部门组织发放、回收，确定申请程序、使用范围和使用期限，并制定保管、存放的安保措施。80 周岁及以上老年人的补贴经费由福利彩票公益金、区县财政按照 1：1 的比例分担；16 至 79 周岁残疾人的补贴经费由区县残疾人就业保障金承担。区县相关主管部门每季度分别向市老龄办、市残联申报和备案。

为进一步提高百岁老年人的医疗福利待遇，由区县老龄办向具有本市户籍的 100 周岁及以上人员发放市老龄办统一印制的《北京市百岁老年人津贴和医疗补助领取证》，老年人凭证享受百岁老年人补助医疗待遇。凡享受本市基本医疗保险、公费医疗、城镇无医疗保障老年人大病医疗保险、新型农村合作医疗、征地超转人员医疗等报销待遇的百岁老年人，在上述各项制度规定的定点医疗机构门诊及住院发生的符合医疗报销规定的医疗费用中的个人按比例负担部分，由政府给予补助。按相关医疗制度规定报销后，由负责报销的有关部门出具医药费分割单（结算单），个人持分割单到户籍所在地区县老龄办报销个人按比例负担的费用（不含起付线以下费用）。市老龄办每季度审核拨付补助经费，所需资金由市福利彩票公益金支出。

（三）建立城乡社区（村）养老（助残）餐桌

为解决老年人、残疾人的用餐困难，利用城乡社区公益性用房、单位内部设施、居民空闲房屋等社会资源建立养老（助残）餐桌。由各级主管部门通过公开招标方式，选择餐饮企业承担服务，为老年人和残疾人提供安全的配餐、就餐服务，并为行动不便的老年人和残疾人提供家庭送餐服务。用 3 年左右时

间将养老（助残）餐桌基本覆盖至全市具备条件的城乡社区（村）。市民政局和市残联将有计划地对街道（乡镇、地区办事处）和城乡社区（村）中的部分养老（助残）餐桌给予补贴。街道（乡镇、地区办事处）向区县主管部门提出补贴申请，区县审核合格后报市老龄办，市老龄办会同市残联每半年审批一次，补贴资金由福利彩票公益金与市残疾人就业保障金按2：1的比例分担。区县根据本地实际，制定养老（助残）餐桌运营补贴政策，对运营较好的餐饮企业给予必要的奖励。

（四）建立城乡社区（村）托老（残）所

为解决老年人、残疾人日间生活照料困难，利用现有的社区服务中心、社区"星光老年之家"（老年活动站）、社区"残疾人温馨家园"、职业康复中心等服务场所和社会空闲房屋及家庭空间建立社区托老（残）所（使用面积不低于40平方米，总床位在5至29张之间，人均使用面积5平方米以上），利用社区居民家庭空间开办以生活互助、文体娱乐等为主要内容的互助点（参加人数在5人以上），提供老年人、残疾人的日间托管服务。争取用3年左右时间将托老（残）所基本覆盖至全市城乡社区（村）。对运营满半年的托老（残）所和互助点给予补贴：对月服务18天以上、服务满意率达到90%以上的托老所床位每月补贴100元；对月活动时间18天以上的互助点每月补贴100元。区县主管部门和区县残联分别受理补贴申请。已享受运行经费补贴的残疾人职业康复机构，不再重复享受社区托老（残）所床位补贴。市老龄办和区县残联每半年审批、拨付补贴经费。补贴资金由福利彩票公益金和区县残疾人就业保障金承担。

（五）招聘居家服务养老（助残）员

为推进居家养老（助残）服务工作，区县根据实际需要，在全市各街道（乡镇、地区办事处）聘用5至7名养老（助残）员；每个城乡社区（村）至少聘用1名，高龄独居老年人和重度残疾人较多的城乡社区（村）可按30：1的比例增聘。养老（助残）员优先从"4050"人员和取得社会工作者资质且符合本市就业特困认定标准的人员中招聘，纳入公益性岗位。养老（助残）员负责宣传居家养老（助残）政策；对老年人、残疾人进行巡视探访，了解服务需求，收集、汇总、整理、反馈老年人和残疾人的需求信息及对服务质量的评价信息；组织、监督服务工作；负责养老（助残）券的发放、回收、结算，以及老年人优待卡、高龄津贴的发放。区县老龄办负责养老（助残）员的业务指导、培训、考核和日常管理、调度，社区公益性就业组织在街道（乡镇、地区办事处）的领导下负责劳动人事管理和经费保障。

（六）配备养老（助残）无障碍服务车

为方便组织老年人和残疾人参加社会活动，统一为街道（乡镇、地区办事处）配发一辆具有无障碍功能、带有全市统一标识的养老（助残）无障碍服务车。区县制定管理和使用办法，做好与已配发车辆使用办法的衔接，主要用于社区托老（残）所、社区"星光老年之家"（老年活动站）、社区"残疾人温馨家园"、职业康复机构和扶贫助残基地开展活动。街道（乡镇、地区办事处）负责日常运营和管理。

（七）开展养老（助残）精神关怀服务

为满足老年人、残疾人的精神慰藉需求，开展精神关怀服务。各级老龄工作部门负责整合和开发辖区心理咨询服务资源，依托"96156"社区服务热线，充分发挥各类心理咨询专业组织和社区市民学校、老年学校的作用，组织专业人员为老年人、残疾人及其家庭成员提供心理咨询服务和相关知识培训。动员和组织城乡社区（村）志愿者、特别是社会工作者，为老年人和残疾人提供聊天、读书（报）等志愿服务。

（八）实施家庭无障碍设施改造

为给居家生活的老年残疾人提供在洗澡、如厕、做饭、户内活动等方面的便利，逐步对有需求的老年残疾人家庭实施无障碍设施改造。市残联和市老龄办负责设备、器具的招标采购。区县残联和区县老龄办负责组织施工和检查验收，一季度进行调查摸底，二、三季度完成施工，四季度组织检查验收。该项工作纳入市残疾人家庭无障碍改造实施工程，所需经费由市残疾人就业保障金承担。

（九）为老年人（残疾人）配备"小帮手"电子服务器

为使老年人和残疾人享受生活、就医、交通、购物、社交等电子信息服务，在个人自愿申请、购买的基础上，采取政府前端价格适度补贴方式，由市老龄办负责统一招标采购，有计划地向具有北京市户籍、有使用需求并具备使用能力的65周岁以上老年人和16至64周岁重度残疾人提供便携式"小帮手"电子服务器。个人在户籍所在地社区（村）提出申请，并交纳自付费用。街道（乡镇、地区办事处）审核，区县老龄办、区县残联核准后分别报市老龄办、市残联审定，区县老龄办、区县残联组织发放。65 周岁以上老年人由福利彩票公益金给予补贴，16 至 64 周岁重度残疾人由市残疾人就业保障金给予补贴。

四、工作要求

（一）加强组织领导，健全工作机构

各区县要在市委、市政府统一领导下，形成政府统筹协调、业务部门主管、有关部门密切配合、社会各界广泛参与的工作格局。区县政府负责居家养老（助残）服务工作的组织实施，要将此项工作纳入区县经济社会发展总体规划，研究制定落实"九养政策"专项规划和实施方案；成立领导工作机构，确定业务主管部门，完善相应的工作机制和制度；按照试点先行、分步实施的要求，抓好贯彻落实。有关部门要把居家养老（助残）工作纳入部门职能，加强调查研究，加大支持力度。街道（乡镇、地区办事处）要建立居家养老（助残）服务工作机构和服务队伍，指定专人负责日常管理和服务组织工作。城乡社区（村）要充分发挥自治优势和社会成员的主体作用，将老年人和残疾人的各项管理、服务工作落实到人。所需资金由福利彩票公益金、残疾人就业保障金（区县残疾人就业保障金不足的，由市残疾人就业保障金转移支付）、失业保险金承担，不足部分由财政予以补足，工作经费分别列入市、区县财政部门预算。鼓励社会力量积极参与居家养老（助残）事业。

（二）整合服务资源，拓展服务项目

充分利用现有资源，依托社区服务中心（站）、社区"星光老年之家"（老年活动站）、社区"残疾人温馨家园"、职业康复机构、基层医疗卫生机构、"96156"社区服务热线等公共服务资源（挪作他用的一律收回），实现全方位服务、精细化管理；开发利用企事业单位、商业服务网点、各类社团组织和福利机构等社会资源，不断丰富服务内容、拓展服务领域、提高服务质量。加强制度建设，提高社区居家养老（助残）服务的规范化、专业化水平；建立多渠道、多形式的投资机制，不断推进居家养老（助残）服务向社会化、产业化方向发展。

（三）强化队伍建设，提高专业化水平

要充分发挥各种专业组织的作用，对管理和服务人员进行系统化、专业化培训；加大对老年人、残疾人家庭成员的培训力度，不断提高其专业化照料技能，

以适应居家养老（助残）服务工作的需要。要选派综合素质较高的人员从事有关管理工作，根据实际需要配齐、配强专业服务人员；引进具有专业资质的社会工作者投身于居家养老（助残）服务工作；动员社会各界的志愿者积极参与居家养老（助残）服务。

（四）加强舆论宣传，营造良好氛围。

要运用广播、电视、报纸、网络等多种形式，充分发挥舆论宣传对居家养老（助残）服务工作的导向激励功能。大力宣传居家养老（助残）服务工作中的先进经验和典型事迹，提高全社会对居家养老（助残）服务事业重要意义的认识，增强从事居家养老（助残）服务工作人员的社会责任感，弘扬尊老敬老、养老助残的传统美德，形成有利于居家养老（助残）服务事业发展的良好社会环境。

附录四：关于推进养老服务发展的意见

各省、自治区、直辖市人民政府，国务院各部委、各直属机构：

党中央、国务院高度重视养老服务，党的十八大以来，出台了加快发展养老服务业、全面放开养老服务市场等政策措施，养老服务体系建设取得显著成效。但总的看，养老服务市场活力尚未充分激发，发展不平衡不充分、有效供给不足、服务质量不高等问题依然存在，人民群众养老服务需求尚未有效满足。按照2019年政府工作报告对养老服务工作的部署，为打通"堵点"，消除"痛点"，破除发展障碍，健全市场机制，持续完善居家为基础、社区为依托、机构为补充、医养相结合的养老服务体系，建立健全高龄、失能老年人长期照护服务体系，强化信用为核心、质量为保障、放权与监管并重的服务管理体系，大力推动养老服务供给结构不断优化、社会有效投资明显扩大、养老服务质量持续改善、养老服务消费潜力充分释放，确保到2022年在保障人人享有基本养老服务的基础上，有效满足老年人多样化、多层次养老服务需求，老年人及其子女获得感、幸福感、安全感显著提高，经国务院同意，现提出以下意见。

一、深化放管服改革

（一）建立养老服务综合监管制度

制定"履职照单免责、失职照单问责"的责任清单，制定加强养老服务综合监管的相关政策文件，建立各司其职、各尽其责的跨部门协同监管机制，完善事中事后监管制度。健全"双随机、一公开"工作机制，加大对违规行为的查处惩戒力度，坚持最严谨的标准、最严格的监管、最严厉的处罚、最严肃的问责。市场监管部门要将企业登记基本信息共享至省级共享平台或省级部门间数据接口；民政部门要及时下载养老机构相关信息，加强指导和事中事后监管。加快推进养老服务领域社会信用体系建设，2019年6月底前，建立健全失信联合惩戒机制，对存在严重失信行为的养老服务机构（含养老机构、居家社区养老服务机构，以及经营范围和组织章程中包含养老服务内容的其他企业、事业单位和社会组织）及人员实施联合惩戒。养老服务机构行政许可、行政处罚、抽查检查结果等信息按经营性质分别通过全国信用信息共享平台、国家企业信用信息公示系统记于其名下并依法公示。（民政部、发展改革委、人民银行、市场监管总局按职责分工负责，地方各级人民政府负责）

（二）继续深化公办养老机构改革

充分发挥公办养老机构及公建民营养老机构兜底保障作用，在满足当前和今后一个时期特困人员集中供养需求的前提下，重点为经济困难失能（含失智，下同）老年人、计划生育特殊家庭老年人提供无偿或低收费托养服务。坚持公办养老机构公益属性，确定保障范围，其余床位允许向社会开放，研究制定收费指导标准，收益用于支持兜底保障对象的养老服务。探索具备条件的公办养老机构改制为国有养老服务企业。制定公建民营养老机构管理办法，细化评审标准和遴选规则，加强合同执行情况监管。公建民营养老机构运营方应定期向委托部门报告机构资产情况、运营情况，及时报告突发重大情况。（民政部、发展改革委、财政部、中央编办、国资委、卫生健康委按职责分工负责，地方各级人民政府负责）

（三）解决养老机构消防审验问题

依照《建筑设计防火规范》，做好养老机构消防审批服务，提高审批效能。对依法申报消防设计审核、消防验收和消防备案的养老机构，主动提供消防技术咨询服务，依法尽快办理。各地要结合实际推行养老服务行业消防安全标准化管理，注重分类引导，明确养老机构建筑耐火等级、楼层设置和平面布置、防火分隔措施、安全疏散和避难设计、建筑消防设施、消防管理机构和人员、微型消防站建设等配置要求，推动养老机构落实消防安全主体责任，开展隐患自查自改，提升自我管理水平。农村敬老院及利用学校、厂房、商业场所等举办的符合消防安全要求的养老机构，因未办理不动产登记、土地规划等手续问题未能通过消防审验的，2019 年 12 月底前，由省级民政部门提请省级人民政府组织有关部门集中研究处置。具备消防安全技术条件的，由相关主管部门出具意见，享受相应扶持政策。（应急部、住房城乡建设部、自然资源部、民政部、市场监管总局按职责分工负责，地方各级人民政府负责）

（四）减轻养老服务税费负担

聚焦减税降费，养老服务机构符合现行政策规定条件的，可享受小微企业等财税优惠政策。研究非营利性养老服务机构企业所得税支持政策。对在社区提供日间照料、康复护理、助餐助行等服务的养老服务机构给予税费减免扶持政策。落实各项行政事业性收费减免政策，落实养老服务机构用电、用水、用气、用热享受居民价格政策，不得以土地、房屋性质等为理由拒绝执行相关价格政策。（财政部、税务总局、发展改革委、市场监管总局按职责分工负责，地方各级人民政府负责）

（五）提升政府投入精准化水平

民政部本级和地方各级政府用于社会福利事业的彩票公益金，要加大倾斜力度，到 2022 年要将不低于 55% 的资金用于支持发展养老服务。接收经济困难的高龄失能老年人的养老机构，不区分经营性质按上述老年人数量同等享受运营补贴，入住的上述老年人按规定享受养老服务补贴。将养老服务纳入政府购买服务指导性目录，全面梳理现行由财政支出安排的各类养老服务项目，以省为单位制定政府购买养老服务标准，重点购买生活照料、康复护理、机构运营、社会工作和人员培养等服务。（财政部、民政部、卫生健康委按职责分工负责，地方各级人民政府负责）

（六）支持养老机构规模化、连锁化发展

支持在养老服务领域着力打造一批具有影响力和竞争力的养老服务商标品牌，对养老服务商标品牌依法加强保护。对已经在其他地方取得营业执照的企业，不得要求其在本地开展经营活动时必须设立子公司。开展城企协同推进养

老服务发展行动计划。非营利性养老机构可在其登记管理机关管辖区域内设立多个不具备法人资格的服务网点。（市场监管总局、知识产权局、民政部、发展改革委按职责分工负责，地方各级人民政府负责）

（七）做好养老服务领域信息公开和政策指引

建立养老服务监测分析与发展评价机制，完善养老服务统计分类标准，加强统计监测工作。2019年6月底前，各省级人民政府公布本行政区域现行养老服务扶持政策措施清单、养老服务供需信息或投资指南。制定养老服务机构服务质量信息公开规范，公开养老服务项目清单、服务指南、服务标准等信息。集中清理废除在养老服务机构公建民营、养老设施招投标、政府购买养老服务中涉及地方保护、排斥营利性养老服务机构参与竞争等妨碍统一市场和公平竞争的各种规定和做法。（统计局、发展改革委、民政部、财政部、市场监管总局按职责分工负责，各省级人民政府负责）

二、拓宽养老服务投融资渠道

（八）推动解决养老服务机构融资问题

畅通货币信贷政策传导机制，综合运用多种工具，抓好支小再贷款等政策落实。对符合授信条件但暂时遇到经营困难的民办养老机构，要继续予以资金支持。切实解决养老服务机构融资过程中有关金融机构违规收取手续费、评估费、承诺费、资金管理费等问题，减少融资附加费用，降低融资成本。鼓励商业银行探索向产权明晰的民办养老机构发放资产（设施）抵押贷款和应收账款质押贷款。探索允许营利性养老机构以有偿取得的土地、设施等资产进行抵押融资。大力支持符合条件的市场化、规范化程度高的养老服务企业上市融资。支持商业保险机构举办养老服务机构或参与养老服务机构的建设和运营，适度拓宽保险资金投资建设养老项目资金来源。更好发挥创业担保贷款政策作用，对从事养老服务行业并符合条件的个人和小微企业给予贷款支持，鼓励金融机构参照贷款基础利率，结合风险分担情况，合理确定贷款利率水平。（人民银行、财政部、银保监会、证监会、自然资源部按职责分工负责）

（九）扩大养老服务产业相关企业债券发行规模

根据企业资金回流情况科学设计发行方案，支持合理灵活设置债券期限、选择权及还本付息方式，用于为老年人提供生活照料、康复护理等服务设施设备，以及开发康复辅助器具产品用品项目。鼓励企业发行可续期债券，用于养老机构等投资回收期较长的项目建设。对于项目建成后有稳定现金流的养老服务项目，允许以项目未来收益权为债券发行提供质押担保。允许以建设用地使用权抵押担保方式为债券提供增信。探索发行项目收益票据、项目收益债券支持养老服务产业项目的建设和经营。（发展改革委、人民银行、银保监会、证监会按职责分工负责）

（十）全面落实外资举办养老服务机构国民待遇

境外资本在内地通过公建民营、政府购买服务、政府和社会资本合作等方式参与发展养老服务，同等享受境内资本待遇。境外资本在内地设立的养老机构接收政府兜底保障对象的，同等享受运营补贴等优惠政策。将养老康复产品服务纳入中国国际进口博览会招展范围，探索设立养老、康复展区。（民政部、发展改革委、商务部按职责分工负责）

三、扩大养老服务就业创业

（十一）建立完善养老护理员职业技能等级认定和教育培训制度

2019 年 9 月底前，制定实施养老护理员职业技能标准。加强对养老服务机构负责人、管理人员的岗前培训及定期培训，使其掌握养老服务法律法规、政策和标准。按规定落实养老服务从业人员培训费补贴、职业技能鉴定补贴等政策。鼓励各类院校特别是职业院校（含技工学校）设置养老服务相关专业或开设相关课程，在普通高校开设健康服务与管理、中医养生学、中医康复学等相关专业。推进职业院校（含技工学校）养老服务实训基地建设。按规定落实学生资助政策。（人力资源社会保障部、教育部、财政部、民政部、市场监管总局按职责分工负责，地方各级人民政府负责）

（十二）大力推进养老服务业吸纳就业

结合政府购买基层公共管理和社会服务，在基层特别是街道（乡镇）、社区（村）开发一批为老服务岗位，优先吸纳就业困难人员、建档立卡贫困人口和高校毕业生就业。对养老服务机构招用就业困难人员，签订劳动合同并缴纳社会保险费的，按规定给予社会保险补贴。加强从事养老服务的建档立卡贫困人口职业技能培训和就业指导服务，引导其在养老服务机构就业，吸纳建档立卡贫困人口就业的养老服务机构按规定享受创业就业税收优惠、职业培训补贴等支持政策。对符合小微企业标准的养老服务机构新招用毕业年度高校毕业生，签订1年以上劳动合同并缴纳社会保险费的，按规定给予社会保险补贴。落实就业见习补贴政策，对见习期满留用率达到50%以上的见习单位，适当提高就业见习补贴标准。（人力资源社会保障部、教育部、财政部、民政部、扶贫办按职责分工负责，地方各级人民政府负责）

（十三）建立养老服务褒扬机制

研究设立全国养老服务工作先进集体和先进个人评比达标表彰项目。组织开展国家养老护理员技能大赛，对获奖选手按规定授予"全国技术能手"荣誉称号，并晋升相应职业技能等级。开展养老护理员关爱活动，加强对养老护理员先进事迹与奉献精神的社会宣传，让养老护理员的劳动创造和社会价值在全社会得到尊重。（人力资源社会保障部、民政部、卫生健康委、广电总局按职责分工负责）

四、扩大养老服务消费

（十四）建立健全长期照护服务体系

研究建立长期照护服务项目、标准、质量评价等行业规范，完善居家、社区、机构相衔接的专业化长期照护服务体系。完善全国统一的老年人能力评估标准，通过政府购买服务等方式，统一开展老年人能力综合评估，考虑失能、失智、残疾等状况，评估结果作为领取老年人补贴、接受基本养老服务的依据。全面建立经济困难的高龄、失能老年人补贴制度，加强与残疾人两项补贴政策衔接。加快实施长期护理保险制度试点，推动形成符合国情的长期护理保险制度框架。鼓励发展商业性长期护理保险产品，为参保人提供个性化长期照护服务。（民政部、财政部、卫生健康委、市场监管总局、医保局、银保监会、中国残联按职责分工负责）

（十五）发展养老普惠金融

支持商业保险机构在地级以上城市开展老年人住房反向抵押养老保险业务，在房地产交易、抵押登记、公证等机构设立绿色通道，简化办事程序，提升服务效率。支持老年人投保意外伤害保险，鼓励保险公司合理设计产品，科学厘定费率。鼓励商业养老保险机构发展满足长期养老需求的养老保障管理业务。支持银行、信托等金融机构开发养老型理财产品、信托产品等养老金融产品，依法适当放宽对符合信贷条件的老年人申请贷款的年龄限制，提升老年人金融服务的可得性和满意度。扩大养老目标基金管理规模，稳妥推进养老目标证券投资基金注册，可以设置优惠的基金费率，通过差异化费率安排，鼓励投资人长期持有养老目标基金。养老目标基金应当采用成熟稳健的资产配置策略，控制基金下行风险，追求基金资产长期稳健增值。（银保监会、证监会、人民银行、住房城乡建设部、自然资源部按职责分工负责）

（十六）促进老年人消费增长

开展全国老年人产品用品创新设计大赛，制定老年人产品用品目录，建设产学研用协同的成果转化推广平台。出台老年人康复辅助器具配置、租赁、回收和融资租赁办法，推进在养老机构、城乡社区设立康复辅助器具配置服务（租赁）站点。开展系统的营养均衡配餐研究，开发适合老年人群营养健康需求的饮食产品，逐步改善老年人群饮食结构。（民政部、发展改革委、工业和信息化部、科技部、卫生健康委按职责分工负责）

（十七）加强老年人消费权益保护和养老服务领域非法集资整治工作

加大联合执法力度，组织开展对老年人产品和服务消费领域侵权行为的专项整治行动。严厉查处向老年人欺诈销售各类产品和服务的违法行为。广泛开展老年人识骗防骗宣传教育活动，提升老年人抵御欺诈销售的意识和能力。鼓励群众提供养老服务领域非法集资线索，对涉嫌非法集资行为及时调查核实、发布风险提示并依法稳妥处置。对养老机构为弥补设施建设资金不足，通过销售预付费性质"会员卡"等形式进行营销的，按照包容审慎监管原则，明确限制性条件，采取商业银行第三方存管方式确保资金管理使用安全。（市场监管总局、公安部、民政部、卫生健康委、人民银行、银保监会、广电总局按职责分工负责，地方各级人民政府负责）

五、促进养老服务高质量发展

（十八）提升医养结合服务能力

促进现有医疗卫生机构和养老机构合作，发挥互补优势，简化医养结合机构设立流程，实行"一个窗口"办理。对养老机构内设诊所、卫生所（室）、医务室、护理站，取消行政审批，实行备案管理。开展区域卫生规划时要为养老机构举办或内设医疗机构留出空间。医疗保障部门要根据养老机构举办和内设医疗机构特点，将符合条件的按规定纳入医保协议管理范围，完善协议管理规定，依法严格监管。具备法人资格的医疗机构可通过变更登记事项或经营范围开展养老服务。促进农村、社区的医养结合，推进基层医疗卫生机构和医务人员与老年人家庭建立签约服务关系，建立村医参与健康养老服务激励机制。有条件的地区可支持家庭医生出诊为老年人服务。鼓励医护人员到医养结合机构执业，并在职称评定等方面享受同等待遇。（卫生健康委、民政部、中央编办、医保局按职责分工负责）

（十九）推动居家、社区和机构养老融合发展

支持养老机构运营社区养老服务设施，上门为居家老年人提供服务。将失能老年人家庭成员照护培训纳入政府购买养老服务目录，组织养老机构、社会组织、社工机构、红十字会等开展养老照护、应急救护知识和技能培训。大力发展政府扶得起、村里办得起、农民用得上、服务可持续的农村幸福院等互助养老设施。探索"物业服务+养老服务"模式，支持物业服务企业开展老年供餐、定期巡访等形式多样的养老服务。打造"三社联动"机制，以社区为平台、养老服务类社会组织为载体、社会工作者为支撑，大力支持志愿养老服务，积极探索互助养老服务。大力培养养老志愿者队伍，加快建立志愿服务记录制度，积极探索"学生社区志愿服务计学分""时间银行"等做法，保护志愿者合法权益。（民政部、发展改革委、财政部、卫生健康委、住房城乡建设部、教育部、共青团中央、中国红十字会总会按职责分工负责）

（二十）持续开展养老院服务质量建设专项行动

继续大力推动质量隐患整治工作，对照问题清单逐一挂号销账，确保养老院全部整治过关。加快明确养老机构安全等标准和规范，制定确保养老机构基本服务质量安全的强制性国家标准，推行全国统一的养老服务等级评定与认证制度。健全养老机构食品安全监管机制。扩大养老服务综合责任保险覆盖范围，鼓励居家社区养老服务机构投保雇主责任险和养老责任险。（民政部、卫生健康委、应急部、市场监管总局、银保监会按职责分工负责）

（二十一）实施"互联网+养老"行动

持续推动智慧健康养老产业发展，拓展信息技术在养老领域的应用，制定智慧健康养老产品及服务推广目录，开展智慧健康养老应用试点示范。促进人工智能、物联网、云计算、大数据等新一代信息技术和智能硬件等产品在养老

服务领域深度应用。在全国建设一批"智慧养老院"，推广物联网和远程智能安防监控技术，实现24小时安全自动值守，降低老年人意外风险，改善服务体验。运用互联网和生物识别技术，探索建立老年人补贴远程申报审核机制。加快建设国家养老服务管理信息系统，推进与户籍、医疗、社会保险、社会救助等信息资源对接。加强老年人身份、生物识别等信息安全保护。（工业和信息化部、民政部、发展改革委、卫生健康委按职责分工负责）

（二十二）完善老年人关爱服务体系

建立健全定期巡访独居、空巢、留守老年人工作机制，积极防范和及时发现意外风险。推广"养老服务顾问"模式，发挥供需对接、服务引导等作用。探索通过公开招投标方式，支持有资质的社会组织接受计划生育特殊家庭、孤寡、残疾等特殊老年人委托，依法代为办理入住养老机构、就医等事务。积极组织老年人开展有益身心健康的活动。重视珍惜老年人的知识、技能、经验和优良品德，发挥老年人的专长和作用，鼓励其在自愿和量力的情况下，从事传播文化和科技知识、参与科技开发和应用、兴办社会公益事业等社会活动。（民政部、卫生健康委、人力资源社会保障部按职责分工负责，地方各级人民政府负责）

（二十三）大力发展老年教育

优先发展社区老年教育，建立健全"县（市、区）—乡镇（街道）—村（居委会）"三级社区老年教育办学网络，方便老年人就近学习。建立全国老年教育公共服务平台，鼓励各类教育机构通过多种形式举办或参与老年教育，推进老年教育资源、课程、师资共享，探索养教结合新模式，为社区、老年教育机构及养老服务机构等提供支持。积极探索部门、行业企业、高校所举办老年大学服务社会的途径和方法。（教育部、卫生健康委、中央组织部、民政部按职责分工负责）

六、促进养老服务基础设施建设

（二十四）实施特困人员供养服务设施（敬老院）改造提升工程

将补齐农村养老基础设施短板、提升特困人员供养服务设施（敬老院）建设标准纳入脱贫攻坚工作和乡村振兴战略。从2019年起实施特困人员供养服务设施（敬老院）改造提升工程，积极发挥政府投资引导作用，充分调动社会

资源，利用政府和社会资本合作、公建民营等方式，支持特困人员供养服务设施（敬老院）建设、改造升级照护型床位，开辟失能老年人照护单元，确保有意愿入住的特困人员全部实现集中供养。逐步将特困人员供养服务设施（敬老院）转型为区域性养老服务中心。（民政部、发展改革委按职责分工负责，地方各级人民政府负责）

（二十五）实施民办养老机构消防安全达标工程

从2019年起，民政部本级和地方各级政府用于社会福利事业的彩票公益金，采取以奖代补等方式，引导和帮助存量民办养老机构按照国家工程建设消防技术标准配置消防设施、器材，针对重大火灾隐患进行整改。对因总建筑面积较小或受条件限制难以设置自动消防系统的建筑，加强物防、技防措施，在服务对象住宿、主要活动场所和康复医疗用房安装独立式感烟火灾探测报警器和局部应用自动喷水灭火系统，配备应急照明设备和灭火器。（财政部、民政部、应急部按职责分工负责）

（二十六）实施老年人居家适老化改造工程

2020年底前，采取政府补贴等方式，对所有纳入特困供养、建档立卡范围的高龄、失能、残疾老年人家庭，按照《无障碍设计规范》实施适老化改造。有条件的地方可积极引导城乡老年人家庭进行适老化改造，根据老年人社会交往和日常生活需要，结合老旧小区改造等因地制宜实施。（民政部、住房城乡建设部、财政部、卫生健康委、扶贫办、中国残联按职责分工负责，地方各级人民政府负责）

（二十七）落实养老服务设施分区分级规划建设要求

2019年在全国部署开展养老服务设施规划建设情况监督检查，重点清查整改规划未编制、新建住宅小区与配套养老服务设施"四同步"（同步规划、同步建设、同步验收、同步交付）未落实、社区养老服务设施未达标、已建成养老服务设施未移交或未有效利用等问题。完善"四同步"工作规则，明确民政部门在"四同步"中的职责，对已交付产权人的养老服务设施由民政部门履行监管职责，确保养老服务用途。对存在配套养老服务设施缓建、缩建、停建、不建和建而不交等问题的，在整改到位之前建设单位不得组织竣工验收。按照国家相关标准和规范，将社区居家养老服务设施建设纳入城乡社区配套用房建设范围。对于空置的公租房，可探索允许免费提供给社会力量，供其在社区为老年人开展日间照料、康复护理、助餐助行、老年教育等服务。市、县级政府要制定整合闲置设施改造为养老服务设施的政策措施；整合改造中需要办理不动产登记的，不动产登记机构要依法加快办理登记手续。推进国有企业所属培训中心和疗养机构改革，对具备条件的加快资源整合、集中运营，用于提供养老服务。凡利用建筑面积 1000 平方米以下的独栋建筑或者建筑物内的部分楼层改造为养老服务设施的，在符合国家相关标准的前提下，可不再要求出具近期动迁计划说明、临时改变建筑使用功能说明、环评审批文件或备案回执。对养老服务设施总量不足或规划滞后的，应在城市、镇总体规划编制或修改时予以完善，有条件的地级以上城市应当编制养老服务设施专项规划。（住房城乡建设部、自然资源部、生态环境部、民政部、国资委按职责分工负责，地方各级人民政府负责）

（二十八）完善养老服务设施供地政策

举办非营利性养老服务机构，可凭登记机关发给的社会服务机构登记证书和其他法定材料申请划拨供地，自然资源、民政部门要积极协调落实划拨用地政策。鼓励各地探索利用集体建设用地发展养老服务设施。存量商业服务用地等其他用地用于养老服务设施建设的，允许按照适老化设计要求调整户均面积、租赁期限、车位配比及消防审验等土地和规划要求。（自然资源部、住房城乡建设部、民政部按职责分工负责，地方各级人民政府负责）

国务院建立由民政部牵头的养老服务部际联席会议制度。各地、各有关部门要强化工作责任落实，健全党委领导、政府主导、部门负责、社会参与的养老服务工作机制，加强中央和地方工作衔接。主要负责同志要亲自过问，分管负责同志要抓好落实。将养老服务政策落实情况纳入政府年度绩效考核范围，对落实养老服务政策积极主动、养老服务体系建设成效明显的，在安排财政补助及有关基础设施建设资金、遴选相关试点项目方面给予倾斜支持，进行激励表彰。各地要充实、加强基层养老工作力量，强化区域养老服务资源统筹管理。